SABER DIBUJAR
LOS RETRATOS

SABER DIBUJAR
LOS RETRATOS

BARRINGTON BARBER

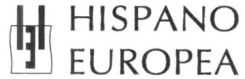

HISPANO
EUROPEA

Título de la edición original:
The Practical Guide to Drawing Portraits

© Arcturus Publishing Limited/Barrington Barber
26/27 Bickels Yard, 151–153 Bermondsey Street, London SE1 3HA

© de la edición en castellano:
Editorial Hispano Europea, S. A.

E-mail: hispanoeuropea@hispanoeuropea.com

© de la traducción: Esther Gil

ISBN: 978-84-255-2062-4

Tercera edición

Consulte nuestra web:
www.hispanoeuropea.com

Impreso en España

Depósito Legal: B. 23.573-2013

ÍNDICE

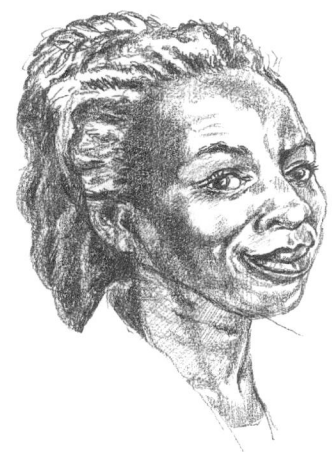

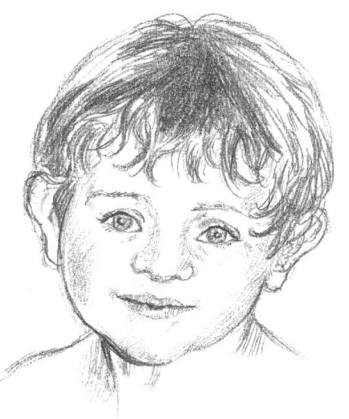

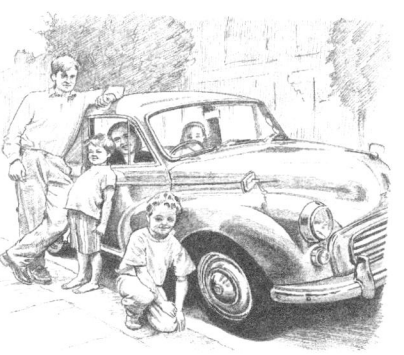

INTRODUCCIÓN

¿Qué es un retrato? Se dice que Picasso hizo le hizo un retrato cubista a un amigo y cuando se lo enseñó a Matisse no supo identificar a la persona. Entonces Picasso le añadió un bigote y Matisse enseguida reconoció la similitud. Esta anécdota ejemplifica un aspecto fundamental de un retrato: por mucho que el dibujo se aleje de la realidad, debe contener al menos algunos rasgos distintivos de la persona. Para captarlos, hay que dedicar tiempo a la observación directa y percibir, así, la imagen particular del ser humano que habrá que reflejar.

Hasta qué punto hay que ser adulador o ser brutalmente honesto es una cuestión perenne que surge al dibujar. Si se quiere, tal y como le indicó Oliver Cromwell a su pintor, un retrato «con verrugas y todo», entonces cuanto más objetivo se sea mejor. Sin embargo, hay pocas personas que sean lo suficientemente honestas con su propia apariencia como para apechugar con las consecuencias de esta visión, así que la mayoría de los artistas de retratos intentan sacar a relucir la parte más positiva de sus modelos. Este enfoque a veces implica alterar los efectos de la luz, cambiar ligeramente la posición de la cabeza, conseguir que el modelo se relaje y recurrir a otras pequeñas artimañas para ayudar a liberar la tensión de la cara y resaltar los elementos más agradables. Afortunadamente la mayoría de la gente tiene algún rasgo bello en el que pueda centrarse el retrato, permitiendo que el artista reduzca la importancia de una boca tensa, una barbilla sin personalidad o una nariz u orejas demasiado protuberantes. Los estragos de la edad también tienen que tenerse en cuenta, aunque las arrugas y la carne flácida pueden suavizarse ligeramente para aportar un retrato más favorecedor aunque perfectamente reconocible.

A lo largo de este libro encontrarás una serie de enfoques y lecciones valiosas que irás interiorizando. Todos los retratos que incluimos pueden enseñarnos algo sobre cómo enfocar el retrato a un amigo, familiar, conocido o incluso un extraño. Espero también que puedas percibir que, si bien las diferencias medibles entre las caras retratadas son mínimas, las apariencias resultantes son inmensamente variadas. La cara humana tiene una capacidad extraordinaria para mostrar toda una gama de expresiones y emociones. Precisamente, los artistas han luchado siempre, a lo largo de la historia, por transmitir todos esos matices y explorar sus múltiples facetas.

El resultado de esta exploración, por supuesto, dependerá de la habilidad del artista. La única manera de alcanzar el nivel requerido para pintar buenos retratos es practicar y practicar. Cuanto más practiques, más mejorarás. Si no puedes practicar con regularidad el dibujo de caras, cualquier tipo de dibujo te ayudará a conseguir mayor destreza. Cambia la situación, la iluminación y el entorno y tendrás un retrato diferente. Por eso, tantos artistas encuentran el dibujo de retratos tan fascinante, ya que las posibilidades de expresión que ofrece son ilimitadas.

Barrington Barber

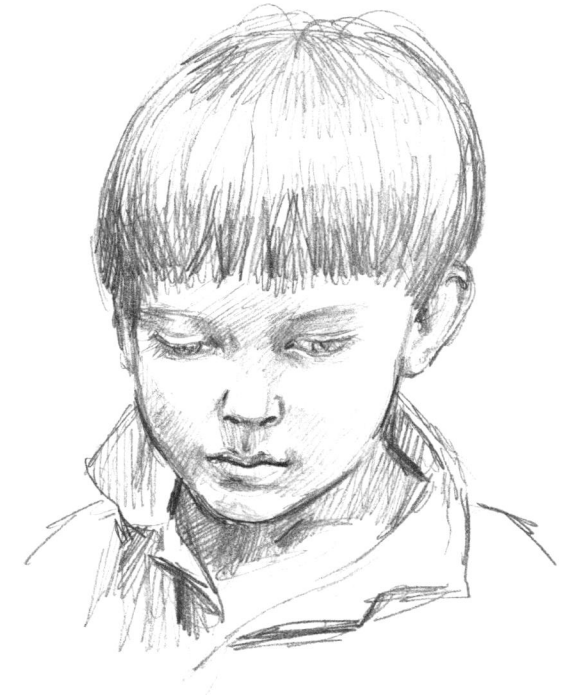

Materiales

Cualquier medio es válido para dibujar retratos. Dicho esto, algunos medios son más válidos que otros en determinadas circunstancias y, por lo general, su idoneidad depende de lo que intentemos conseguir. No hay que comprar todo el material que se enumera y, seguramente, lo más pertinente sea ir experimentando poco a poco hasta sentirse más seguro. Conviene empezar con la gama de lápices que se sugiere y, cuando ya queramos probar algo diferente, hacerlo. Hay que saber que cada material tiene su propia identidad y que hay que conocer bien sus cualidades para optimizarlo e ir descubriendo cuál es el material ideal para nuestros propósitos. Por ello, en un principio no hay que ser muy ambicioso y, a la hora de experimentar, hay que perseverar si los resultados no son los esperados.

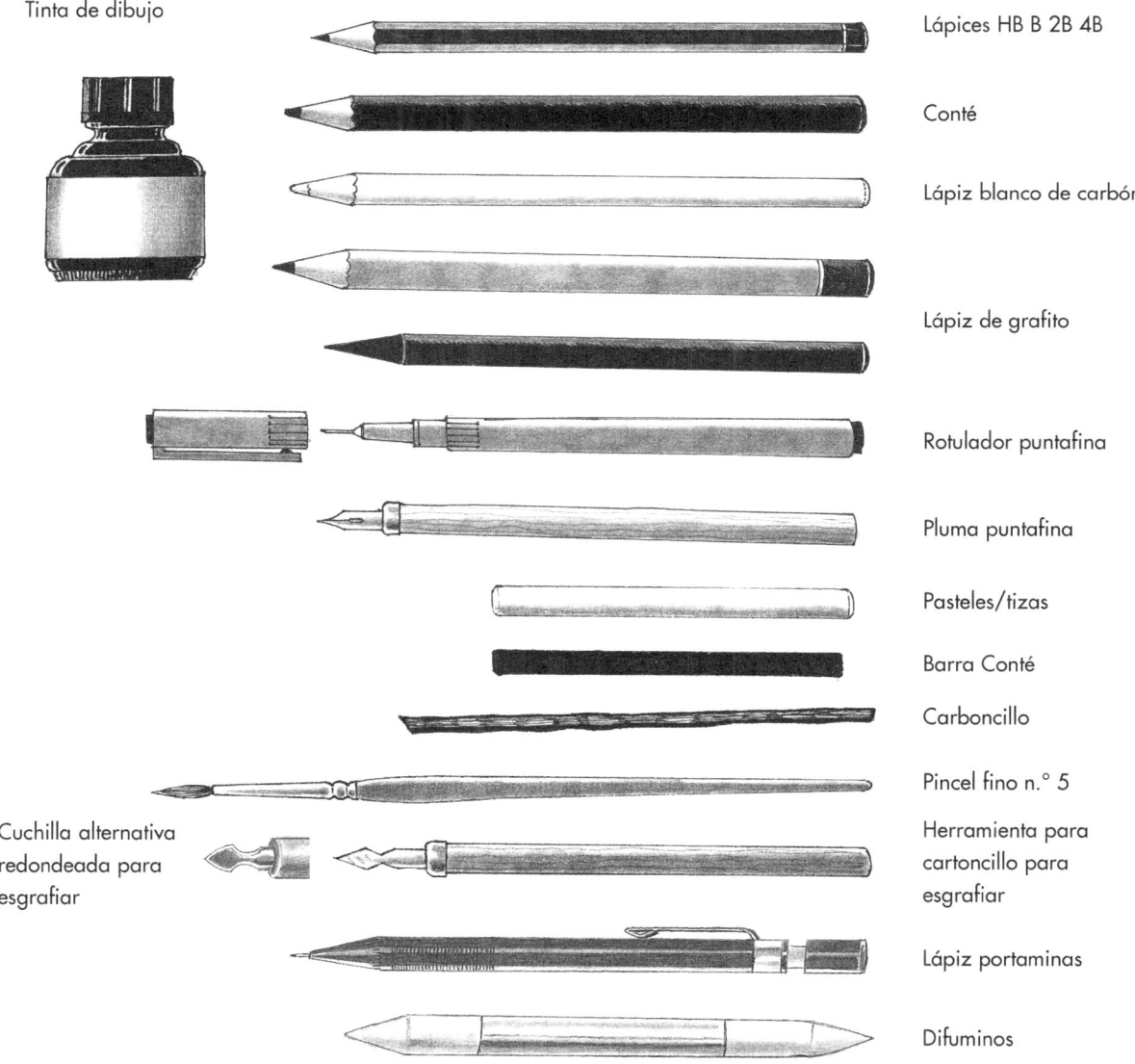

Tinta de dibujo

Lápices HB B 2B 4B

Conté

Lápiz blanco de carbón

Lápiz de grafito

Rotulador puntafina

Pluma puntafina

Pasteles/tizas

Barra Conté

Carboncillo

Pincel fino n.° 5

Cuchilla alternativa redondeada para esgrafiar

Herramienta para cartoncillo para esgrafiar

Lápiz portaminas

Difuminos

PROPORCIONES DE LA CABEZA

A los principiantes les resultará muy útil utilizar una cuadrícula como guía en la que dibujar la cabeza para asegurarse, de esta manera, de que las proporciones sean las correctas. Las que mostramos aquí se corresponden a humanos adultos de cualquier parte del mundo y pueden aplicarse a cualquiera que tomemos como modelo. La cabeza debe estar recta y erguida y se puede retratar de frente o de perfil. Si la cabeza está mostrando un ángulo las proporciones se distorsionarán.

En estas dos caras, dibujadas de frente, se ha utilizado una proporción de cinco unidades horizontales y siete unidades verticales, que trazan la longitud de la cara. Así tiene que haber equidistancia entre los ojos, la nariz en el centro, la boca y la barbilla.

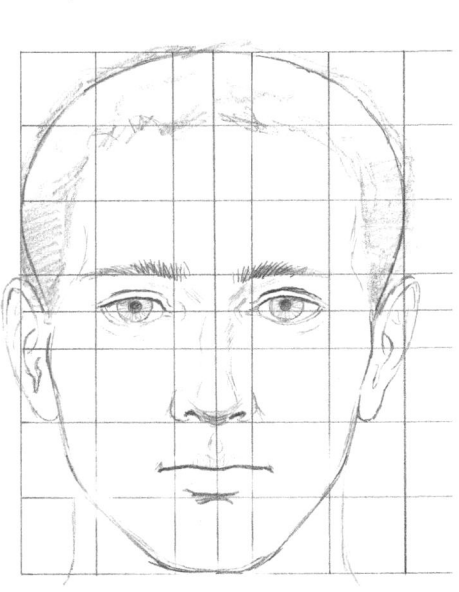

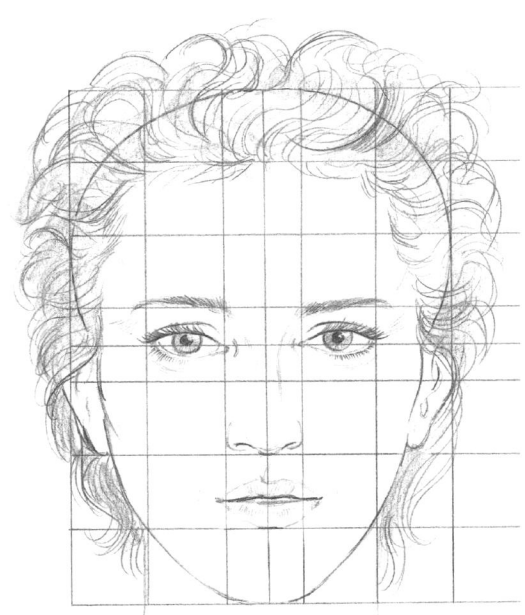

Lectura del retrato horizontal: cara completa

- El ancho del ojo es una quinta parte del ancho de la totalidad de la cabeza, siendo igual a 1 unidad.
- El espacio entre los ojos es de 1 unidad.
- La distancia entre el final de la cara y la parte externa del ojo es de 1 unidad.
- Desde el extremo externo del ojo hasta el extremo interno del ojo tiene que haber 1 unidad.
- Desde el extremo interior del ojo izquierdo hasta el extremo interior del ojo derecho tiene que haber 1 unidad.

Lectura del retrato vertical: cara completa

- Ojos: a la mitad de la longitud de la cabeza.
- Línea del pelo: 1 unidad desde la parte superior de la cabeza.
- Nariz: 1 unidad y media bajando desde el nivel de los ojos.
- Parte inferior del labio inferior: 1 unidad arriba desde el límite de la mandíbula.
- Orejas: la longitud de la nariz más la distancia desde la línea de los ojos hasta las cejas, 2 unidades.

Para poderlos comparar con facilidad, estos dos ejemplos de perfil han sido dibujados con las mismas medidas que los de la página anterior. La cabeza, de perfil, tiene 7 unidades de ancho y 7 unidades de largo, incluyendo la nariz.

No hay que olvidar que la cabeza humana es distinta en cada persona. Estas cuadrículas nos ayudan a tener en cuenta las distancias entre los rasgos de la cara, pero es nuestra capacidad de observación la que nos permitirá crear un parecido con el modelo.

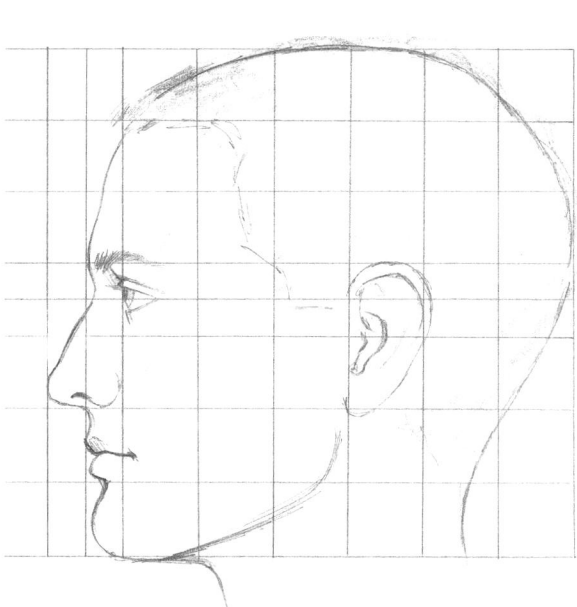 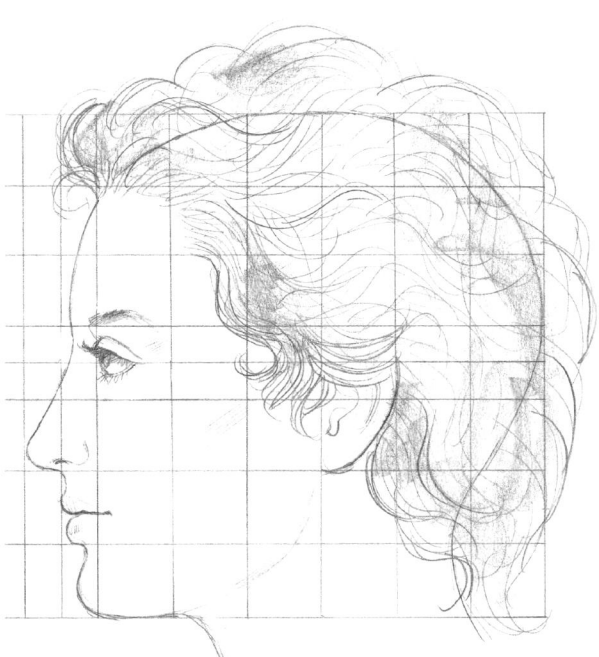

Lectura del retrato horizontal: perfil

- El límite frontal del ojo está a 1 unidad hacia atrás desde la punta de la nariz.
- La oreja tiene 1 unidad de ancho. El extremo más a la izquierda de la oreja está a 4 unidades desde la punta de la nariz y a 3 unidades desde el extremo más a la derecha de la cabeza.
- La nariz sobresale media unidad desde el extremo más a la derecha del cráneo.

UN TRUCO ÚTIL

Es importante recordar que, si bien la cabeza femenina suele ser un poco más pequeña que la del hombre, las proporciones son exactamente las mismas. Véase la página 12 para más información sobre las proporciones de las cabezas de los niños, ya que, según su edad, pueden variar significativamente de las proporciones de los adultos.

MEDIR LA CABEZA

La forma que mejor garantiza entender la cabeza y aficionarse a dibujar retratos con unos rasgos precisos es practicar el dibujo a tamaño real. Es muy difícil dibujar la cabeza en miniatura sin haber ganado cierta experiencia en dibujarla a tamaño real, aunque eso es lo que suelen hacer los dibujantes primerizos, con la creencia errónea de que será más fácil.

Conocer bien la cabeza implica medir distancias entre puntos bien definidos. Para el siguiente ejercicio necesitarás un modelo de carne y hueso, una herramienta para medir (una regla o un calibrador), un lápiz y una hoja grande de papel.

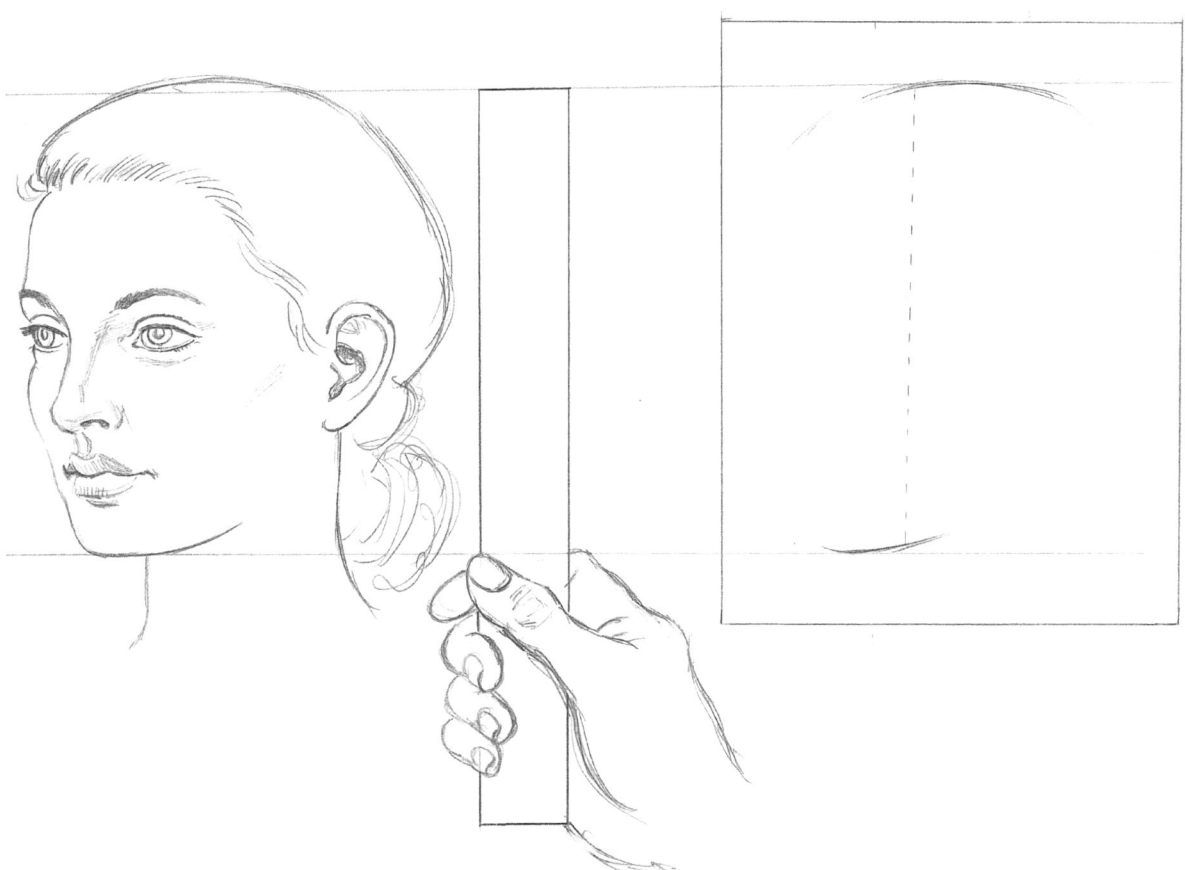

Hay que medir la longitud de la cabeza desde el punto más alto hasta la punta más baja de la barbilla y anotar el número en un papel. Hay que medir el ancho de la cabeza de lado a lado; normalmente se mide desde la zona justo por encima de las orejas, sobre todo si la medición se hace de frente. Se anotará el resultado. Toda la cabeza debería encajar dentro de las medidas horizontales y verticales ya transferidas al papel.

Mide el nivel del ojo. Más o menos debería estar a mitad de la longitud total de la vertical, a menos que la cabeza esté inclinada. Deberás decidir desde qué ángulo vas a mirar la cabeza. Asumiendo que sea una visión de tres cuartos, lo siguiente que tienes que medir será primordial: la distancia desde el centro, desde el punto entre los ojos hasta el extremo más interior de la oreja.

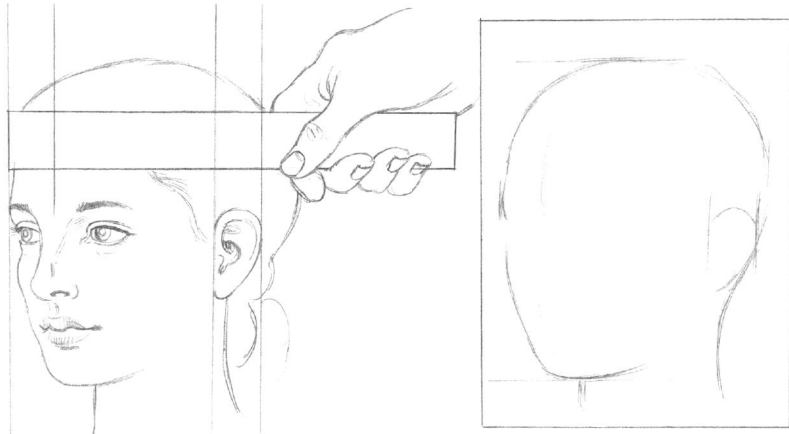

Hay que medir la distancia desde el extremo exterior del orificio nasal hasta el extremo interior de la oreja. Se anota la medida y a continuación se coloca la forma de la oreja y la posición de ambos ojos. Hay que comprobar la longitud real de la nariz desde el rincón interior del ojo bajando hasta la base del orificio nasal. El siguiente paso es medir la línea del centro de la apertura de la boca. Se puede calcular desde la base de la nariz o desde el extremo de la barbilla. Anótala. Ahora ya solo te queda medir desde la comisura de la boca (mirando de frente) hasta una línea que se proyecte bajando por la mandíbula, debajo de la oreja. Anota la medida.

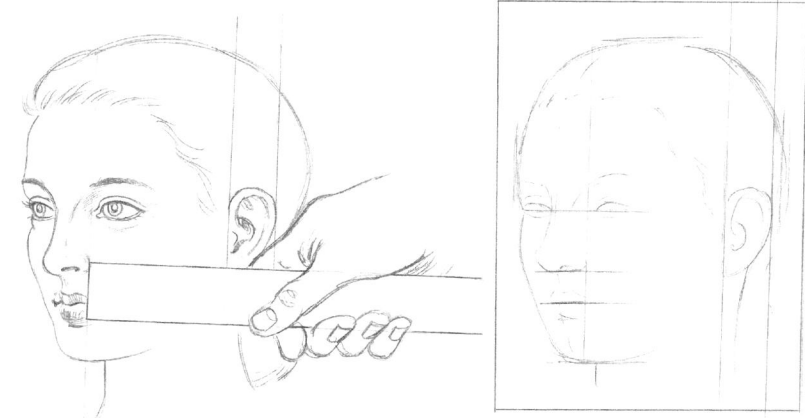

UN TRUCO ÚTIL

Es importante dibujar la forma de la cabeza y la posición de los rasgos desde diferentes ángulos, ya que la apariencia puede cambiar de forma radical.

LAS PROPORCIONES
DE LOS NIÑOS

Hay diferencias significativamente proporcionales entre niños y adultos que el artista tiene que tener en cuenta a la hora de hacer un retrato. Una de las más obvias es la cabeza, que en un adulto es unas dos veces mayor que la de un niño de dos años. Los rasgos también varían mucho durante el crecimiento. En los adultos los ojos están más juntos y se sitúan a la mitad de la cabeza. La nariz, las mejillas y la mandíbula están mucho más definidas y adoptan mayor protuberancia al crecer.

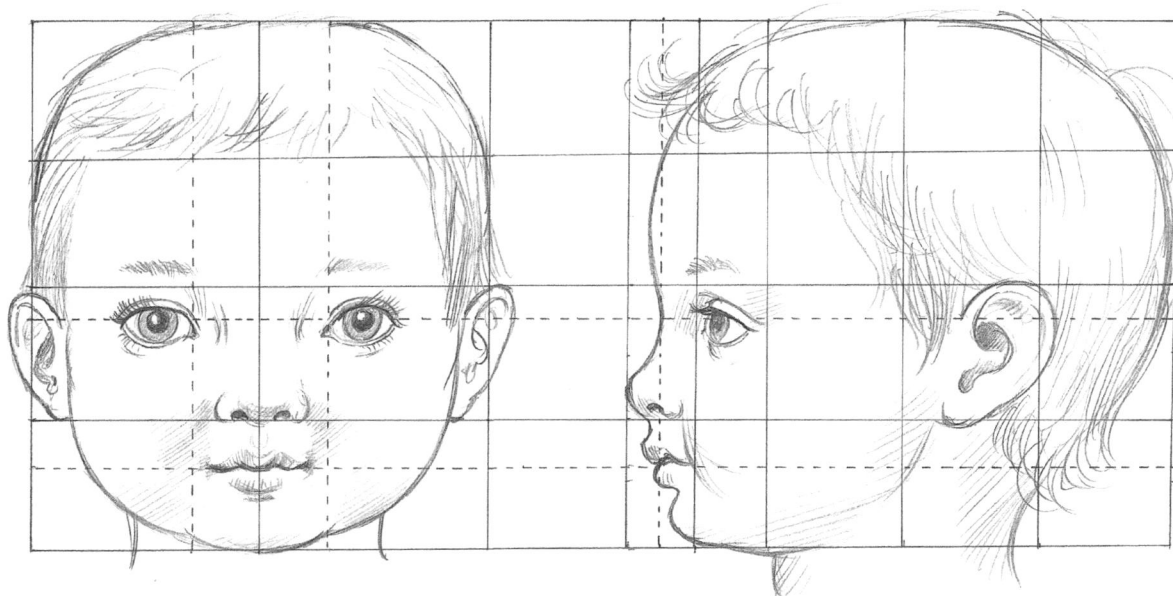

La cabeza: principales diferencias

- En relación con el cuerpo, la cabeza de un niño es mayor, algo evidente aunque solo se vean la cabeza y los hombros. La cabeza de un niño es mucho más pequeña que la de un adulto, pero la proporción de la cabeza en relación con el cuerpo es lo que hace que parezca tan grande.
- El cráneo o la parte superior de la cabeza es mucho mayor en proporción que el resto de la cara. Sin embargo, al ir creciendo se van modificando las proporciones hasta llegar a lograr las de un adulto.

- Los ojos del niño también parecen mucho más grandes en proporción con la cabeza que los de un adulto, mientras que la boca y la nariz parecen más pequeñas. Además, los ojos también parecen estar más separados. La nariz suele ser pequeña con los orificios nasales hacia fuera, de manera que la nariz suele ser respingona, ya que los huesos nasales no se han desarrollado.
- La mandíbula y los dientes son mucho más pequeños en proporción que el resto de la cabeza, una vez más por no estar completamente

desarrollados. La regla que aplicábamos a los adultos, la de colocar los ojos en la mitad de la cabeza, no es aplicable en los niños, donde los ojos están mucho más abajo.
- En el caso de niños muy pequeños, la frente es bastante ancha; las orejas y los ojos, grandes; la nariz, pequeña y respingona; las mejillas, rellenas y redondeadas, y la boca y la mandíbula, muy pequeñas.
- El pelo es muy fino, aunque sea abundante, así que se advierte mucho mejor la forma de la cabeza.

Un ejercicio en pasos

Captar la similitud de una persona puede ser complejo, casi tanto como elegir la posición desde la que dibujar la cara. La pose también nos apor ta datos sobre el tipo de persona a la que estamos dibujando. La gente agresiva suele mirar de frente, con la cabeza bien erguida, un poco hacia arriba, con la babilla levantada. En cambio la gente más amable y tímida suele mirar hacia abajo, como este joven modelo. Vamos a ver cómo podemos dibujar esta pose paso a paso.

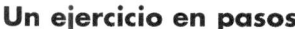

Paso 1

Antes de empezar, hay que mirar la forma que tiene la cabeza en su totalidad. Es esencial estudiarla para que el dibujo salga bien.

A continuación, dibuja el contorno, marcando el área del pelo y la posición de los ojos, la nariz y la boca.

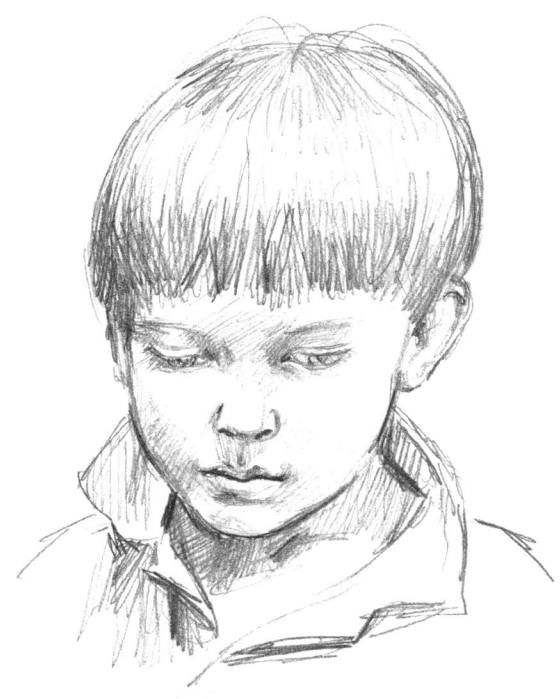

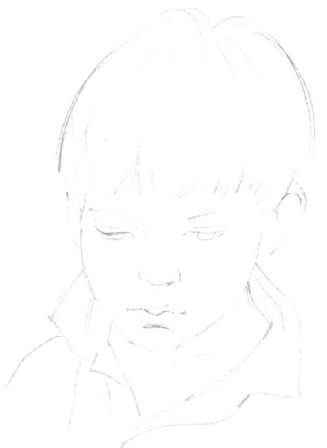

Paso 2

Marca la forma de las orejas, los ojos, la nariz, la boca y algunos detalles más, como el pelo y el cuello.

Paso 3

En el dibujo final, el esfuerzo tiene que trasladarse a áreas de tonos o sombras, el pelo y la camisa y el tono de variaciones de color que rodea los ojos, la nariz y la boca para poder definir los rasgos. Notarás que las líneas de tono van en múltiples direcciones. No hay una única forma «correcta» para este último paso En tus dibujos puedes intentar dibujar los tonos en una única dirección, en múltiples direcciones, haciendo énfasis en los contornos y, cuando sea apropiado, difuminando o diluyendo las sombras hasta que la tonalidad quede de un gris claro y no se perciban las líneas. Al final lo importante es conseguir el efecto deseado. Unos tonos más suaves y atenuados ofrecen un efecto fotográfico, mientras que las líneas más vigorosas inyectan vitalidad.

13

DIBUJAR LA CABEZA: MÉTODO BÁSICO

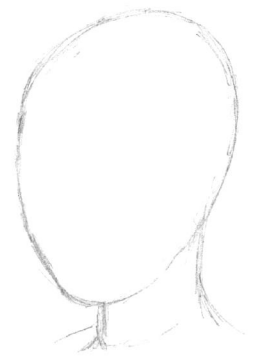

Como se ha recalcado en las páginas anteriores, las formas y zonas básicas de la cabeza tienen que tenerse muy en cuenta a la hora de dibujar un retrato. En el siguiente ejercicio seguiremos cinco pasos básicos. Así se conseguirá una forma bien definida sobre la que trabajar los rasgos individuales más sutiles hasta conseguir una representación realista de la persona que se está dibujando.

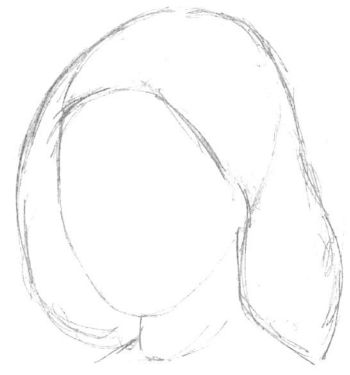

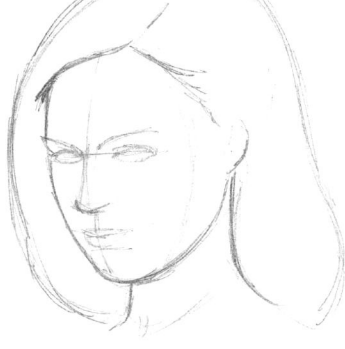

Paso 1

Observar la forma general de la cabeza o el cráneo y el modo en el que se asienta sobre el cuello. Quizás sea una forma redondeada, larga y estrecha o más bien cuadrada y ancha. Definir la forma con claridad y precisión desde el principio facilitará todo el proceso.

Paso 2

Decidir cuánto pelo recubre la cabeza y cuánto pelo habrá en relación con toda la cabeza. Hay que dibujar la forma básica del pelo y, en esta fase, no conviene preocuparse por los detalles.

Paso 3

Ahora hay que centrarse en la forma y la posición de los rasgos, empezando por los ojos. Hay que asegurase de que estén al nivel correcto, que tengan un tamaño similar y que la forma general será la correcta, incluidas las cejas.

La nariz será el siguiente rasgo, su forma (si es respingona, si es recta, aguileña, ancha o estrecha), su inclinación y hasta qué punto sobresale de la cara.

Ahora hay que centrase en la boca, calibrando el ancho y también el grosor y garantizando que se sitúa en el lugar correcto en relación con la barbilla.

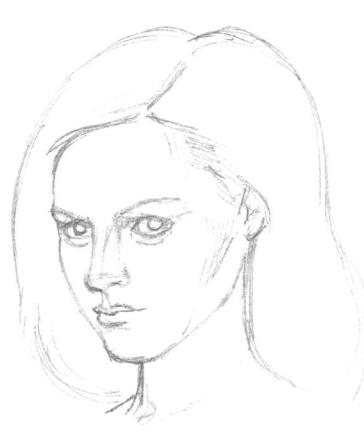

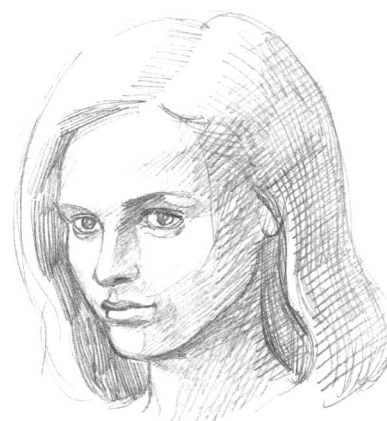

Paso 4

La forma de la cara se percibe gracias a las cualidades tonales de las sombras que se proyectan en la cabeza. Marca el contorno de la forma y céntrate en captar la zona en general.

Paso 5

Ahora ya no queda más que trabajar con los tonos sobre toda la cabeza, teniendo en cuenta las áreas más oscuras y las más claras, enfatizando las oscuras y suavizando las claras.

DIBUJAR LA CABEZA: MÉTODO AVANZADO

Un método alternativo es trabajar desde el centro con los rasgos y después ir avanzando hacia los extremos. Se empieza a dibujar una línea vertical que baje por el centro del papel y después se hace una marca en el extremo superior y el inferior. A continuación hay que seguir los pasos que señalamos aquí. En este método hay que observar con detenimiento al modelo durante todo el ejercicio.

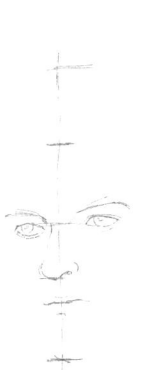

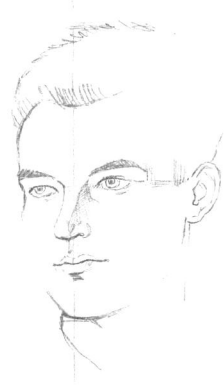

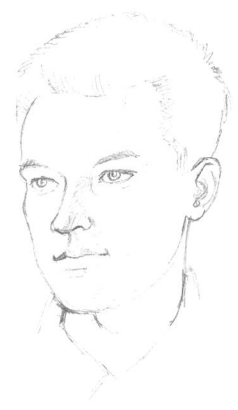

Paso 1
Hacer una línea horizontal para la posición de los ojos, más o menos a medio camino entre las marcas de los extremos superiores y inferiores. Dibujar a grandes rasgos la posición relativa y la forma de los ojos.

Paso 2
Dibujar la forma de los ojos y de las cejas. Hay que advertir que el ojo que nos queda más cerca parece más grande que el ojo más alejado. Intentar redefinir el punto en el que la ceja más alejada se encuentra con el límite de la cabeza tal y como lo vemos desde nuestro ángulo.

Paso 3
Trazar la forma de las sombras que bajan en el lado de la cabeza al que miramos. No hay que hacer las líneas demasiado fuertes ni definidas.

Paso 4
Empieza oscureciendo las zonas que resaltan con mayor claridad. Poco a poco ve modificando el tono alrededor de la for ma, sobre todo el lado de la nariz y el labio superior, por ejemplo, para que cuando haya mayor contraste se incremente la oscuridad del tono y cuando haya menor contraste se suavice, utilizando la goma cuando sea necesario. Hay que dibujar los tonos con detenimiento, asegurándose de que en las zonas donde haya un cambio gradual de oscuro a claro se refleje en la manera de aplicar el tono.

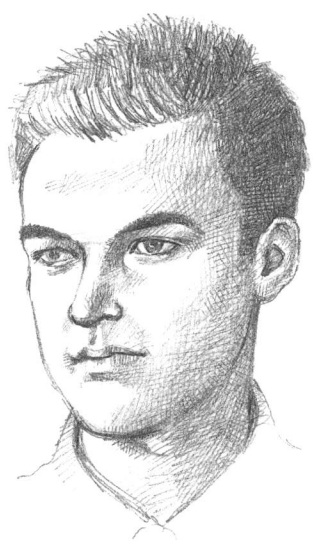

UN TRUCO ÚTIL

Intenta reproducir con exactitud lo que ves, en vez de centrarte en lo que no ves. Confía en tus ojos, ya que son muy precisos.

DIFERENTES EDADES

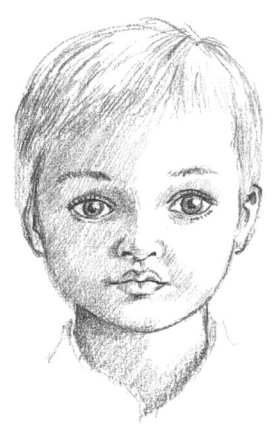

En estos ejemplos de cabezas de niños lo importante es advertir la simplicidad de sus caras. Casi no han líneas marcadas y la carne firme crea formas redondeadas. Los rasgos son mucho menos prominentes en la cara y en todos los casos como mucho se proyectan ligeramente sobre la forma principal de la cabeza. Siempre ha sido muy difícil dibujar bien las caras de los niños porque no hay mucho que dibujar.

Hay que fijarse también en que la nariz y la boca están mucho más juntas que en la cara de los adultos que tenemos en la siguiente página. La visión de perfil muestra lo poco que sobresalen la nariz y la barbilla de la cara, y la zona del pelo casi siempre parece ser grande en relación con el resto de la cabeza.

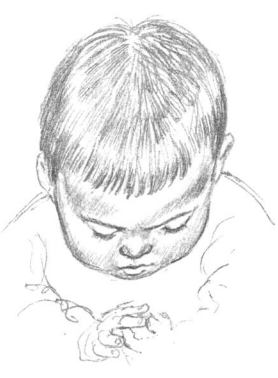
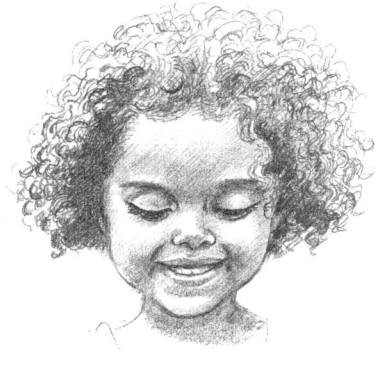
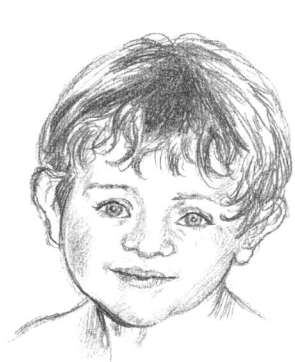

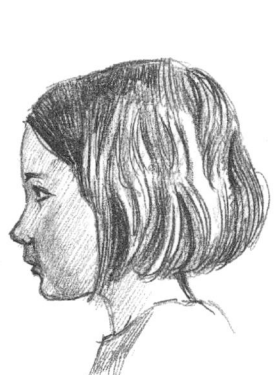
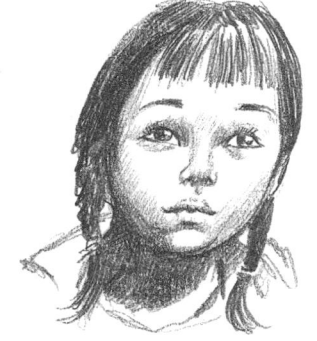
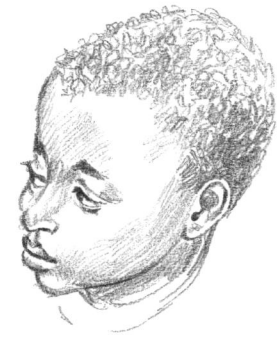

Aunque todos estos niños son diferentes en apariencia, sus rasgos se reducen a formas sencillas de ojos, nariz y boca, con caras redondeadas y un pelo suave y abundante. Las cabezas de los más pequeños, sin embargo, esconden dificultades para los artistas. En primer lugar hay que decidir dónde se harán las marcas más fuertes porque si hay un error se reducirá el efecto de la juventud. Muchos trazos se deberán realizar con mucha delicadeza para mostrar la suavidad de su piel y sus rasgos.

Las líneas y los trazos que se realizan al dibujar adultos son tremendamente complejos pero mucho más definidos. En un primer lugar hay que centrarse en los rasgos más característicos que muestre la cara que tenemos ante nosotros. El reconocimiento está en esencia en la relación entre los ojos, la nariz y la boca y, a continuación, en la forma general de la cabeza. No hay que preocuparse si en un primer momento el dibujo se asemeja más a una caricatura que a un retrato, ya que después resultará más fácil suavizar y reducir formas que tener que reforzarlas. Las caras de personas mayores tienen más personalidad que las jóvenes. Un método alternativo es trabajar desde los rasgos centrales y después ir avanzando hacia los lados. Hay que empezar dibujando una línea vertical que baja desde el centro del papel y marcar los límites superiores e inferiores. Después hay que seguir los pasos que se muestran aquí. Sin duda, hay que observar con gran atención al modelo durante todo el proceso.

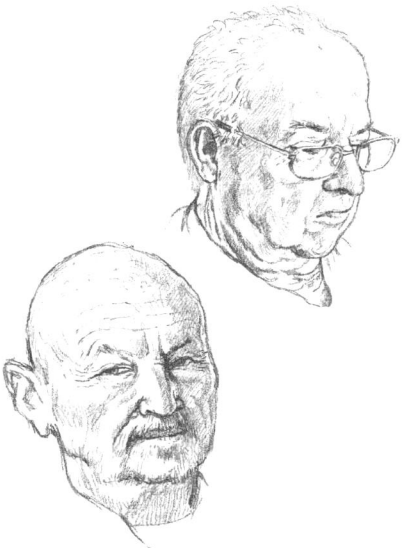

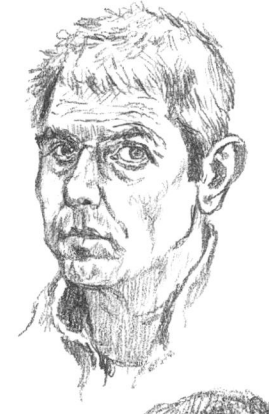

Los dos hombres más jóvenes muestran rasgos fuertemente definidos en la superficie de la cara, mientras que las caras de los dos hombres más mayores parecen menos marcadas debido a la carne flácida y las líneas menos definidas del contorno. También hay que prestar atención a su pelo, que se hace menos brillante y más fino con la edad, o veces desaparece por completo.

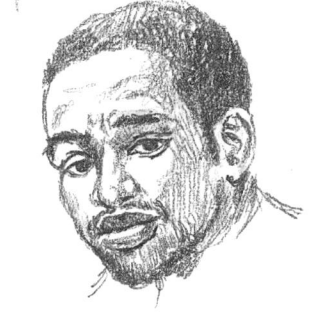

UN TRUCO ÚTIL

Hay que tener cuidado al dibujar pieles de colores más oscuros, ya que la gama de tonos tiene que ser más amplia y más sutil para no perder el sentido de la forma y la estructura.

En el caso de las dos mujeres, la cara de la más mayor parece mucho más frágil y menos marcada. En cambio, la mujer más joven tiene unos rasgos más fuertes y mucho más definidos, y son también los signos del paso del tiempo menos obvios.

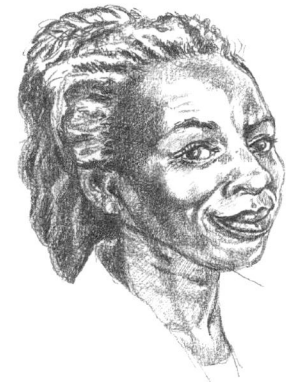

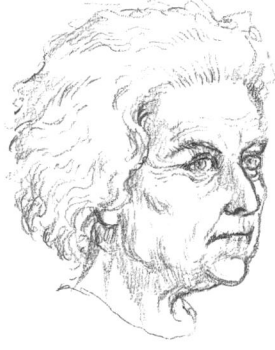

LOS RASGOS DE CERCA

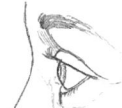 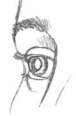 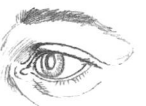 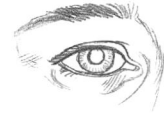 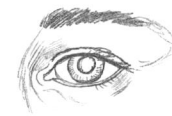

OJOS

Visto de perfil el ojo tiene una forma fácil de dibujar.

Vista de perfil

Los párpados deberían proyectarse siguiendo la curvatura del globo ocular. Si no se proyectase, el ojo no podría cerrarse.

Vista de tres cuartos

Hay que advertir una diferencia marcada en la forma. El ojo que está más lejos se parece más a la vista de perfil, en el sentido en que el párpado proyecta la curva del globo ocular, que se ve en el extremo externo. En el ojo más cercano, puesto que está visible el extremo interior, la forma parece mucho más completa. La ceja más alejada también parece mucho más corta que la que está más cerca.

Visión frontal

Desde este ángulo los ojos son, más o menos, una visión refleja de un espejo. El espacio entre ellos es el mismo que la longitud horizontal del ojo. Conviene saber que lo normal es que entre una octava parte y una cuarta parte del iris esté escondida tras el párpado superior y que el extremo inferior toque el párpado inferior también.

NARIZ

La nariz en ángulos distintos presenta diferencias marcadas en la forma. En los niños, los orificios nasales son las únicas zonas que sobresalen.

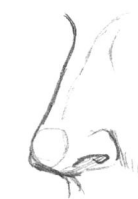

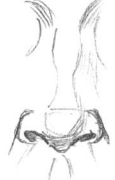

Vista de perfil

La principal observación tiene que ver con la forma de los orificios nasales y la relación existente con la punta de la nariz.

Vista de tres cuartos

La forma del contorno sigue siendo evidente pero la relación con los orificios nasales ha cambiado.

Vista frontal

Las únicas formas visibles son la superficie de la longitud de la nariz y la punta. Los orificios nasales están más definidos, y así hay que dibujarlos.

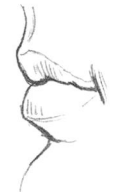

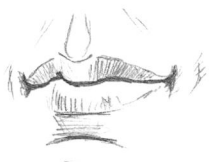

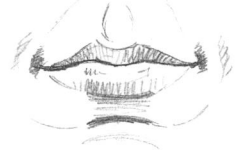

BOCA
Vista de perfil

La línea de la boca (a partir de donde se separan los labios) son más cortos de perfil. Hay que fijarse en si el labio superior es más grueso o, por el contrario, lo es el inferior o son más o menos iguales.

Vista de tres cuartos

Desde este ángulo se ven perfectamente las diferencias en las curvas del labio superior y el inferior. La zona más cercana a nosotros parece que se proyecta de forma más recta, mientras que el lado más lejano resulta más anguloso.

Vista frontal

Esta visión es con la que estamos más familiarizados. Es muy importante dibujar con precisión la línea de la boca. Hay que captar la forma muy bien ya que si no los labios no se parecerán.

El ángulo de los ojos tal y como aparecen relacionados entre sí.

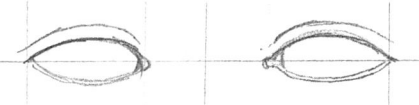

¿Parecen rectos al mirarlos de extremo a extremo?

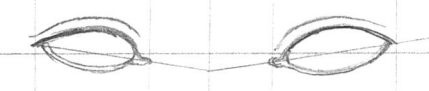

¿Acaso están los extremos externos un poco más subidos que los internos?

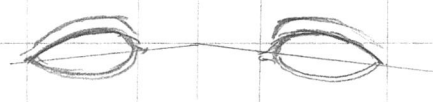

¿Es al contrario? ¿Están los extremos externos más bajos que los internos?

Las medidas que ya has tomado en los ejercicios previos te aportarán las proporciones adecuadas para trabajar al dibujar los rasgos. Cuando ya hayas hecho un borrador de dónde empieza y termina cada rasgo, mira con atención las for mas que tienen y dibújalos.

Los ojos suelen ser lo que hace que una persona nos sea reconocible. La boca y la nariz son los siguientes rasgos impor tantes. El resto depende de las características de la persona. Las ilustraciones de esta página muestran los principales puntos y relaciones que hay que considerar al dibujar los rasgos.

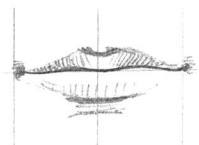 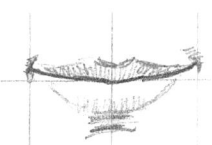 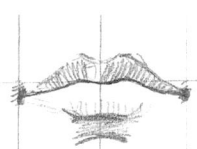

La curva de la boca, ¿está bien recta?   ¿Hacia arriba?   ¿Hacia abajo?

LABIOS
¿Son finos?
¿Son gruesos y generosos?

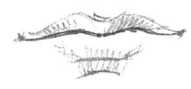 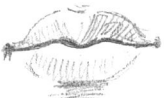

Los párpados
¿Son estrechos?
¿Anchos?

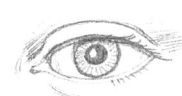 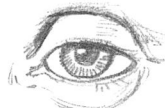

Las cejas
¿Están curvadas?
¿Están rectas?

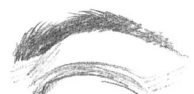 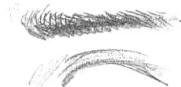

UN TRUCO ÚTIL

Hay que recordar observar la línea del pelo ya que dibujarla bien o mal puede desembocar en grandes diferencias de parecido. ¿Es una línea recta o desigual y curvada?

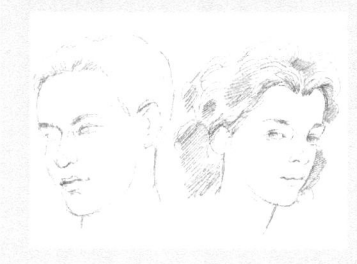

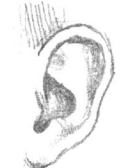 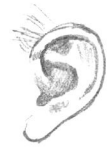 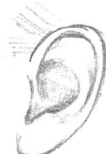 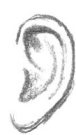 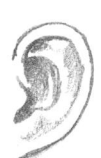

OREJAS
Hay una gran variedad de for mas; aquí mostramos las más comunes.

LOS HUESOS DE LA CABEZA

Cuando dibujamos retratos tenemos que recordarnos a menudo que lo que vemos se debe por completo a unas estructuras escondidas a la vista. Eso es especialmente relevante en el caso de los huesos que dan forma a la piel y los músculos. Una buena comprensión de la formación del cráneo es necesaria para realizar buenos retratos. Observa los rasgos identificados en los dibujos que tenemos a continuación e intenta tocarte tu propia cabeza para notarlos.

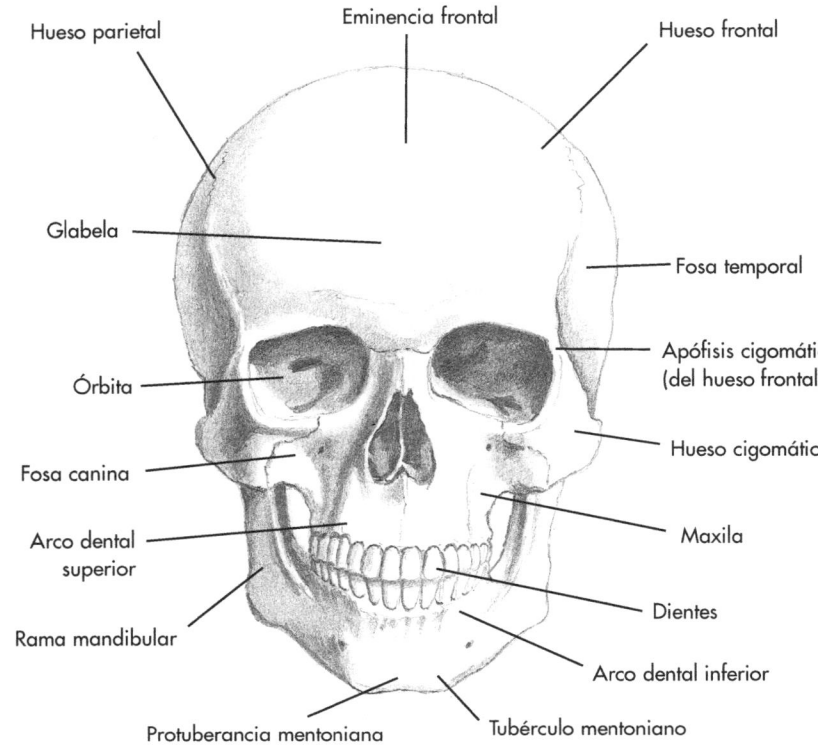

Hueso parietal
Eminencia frontal
Hueso frontal
Glabela
Fosa temporal
Apófisis cigomática (del hueso frontal)
Órbita
Hueso cigomático
Fosa canina
Maxila
Arco dental superior
Dientes
Rama mandibular
Arco dental inferior
Protuberancia mentoniana
Tubérculo mentoniano

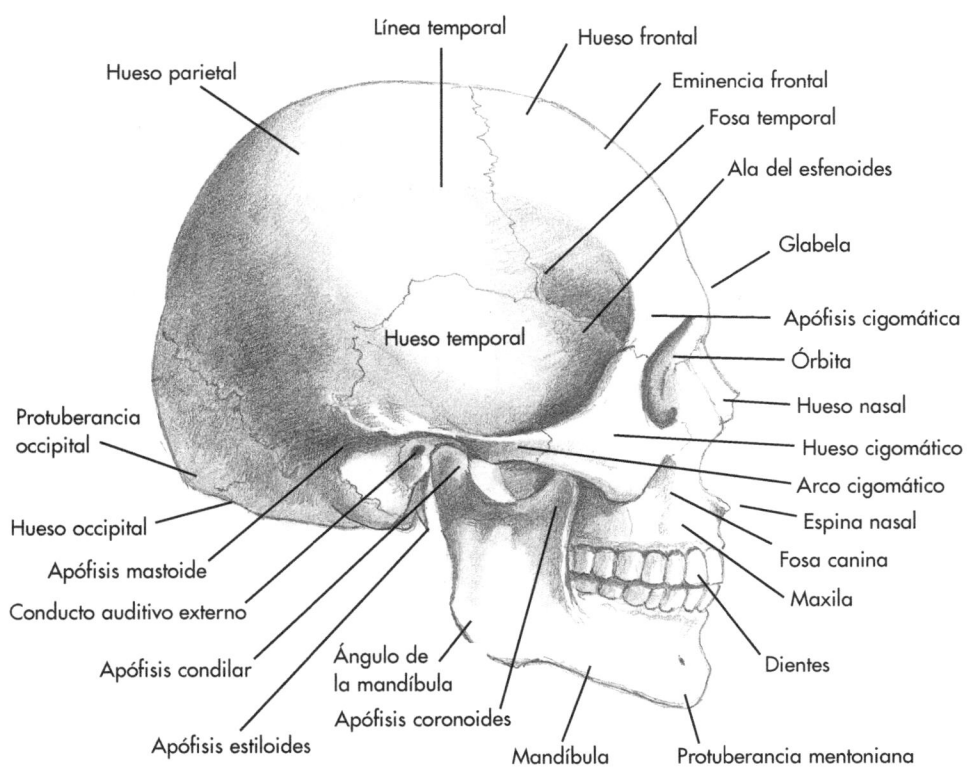

Línea temporal
Hueso frontal
Hueso parietal
Eminencia frontal
Fosa temporal
Ala del esfenoides
Glabela
Apófisis cigomática
Hueso temporal
Órbita
Hueso nasal
Protuberancia occipital
Hueso cigomático
Arco cigomático
Hueso occipital
Espina nasal
Apófisis mastoide
Fosa canina
Conducto auditivo externo
Maxila
Apófisis condilar
Dientes
Ángulo de la mandíbula
Apófisis estiloides
Apófisis coronoides
Mandíbula
Protuberancia mentoniana

LOS MÚSCULOS DE LA CABEZA

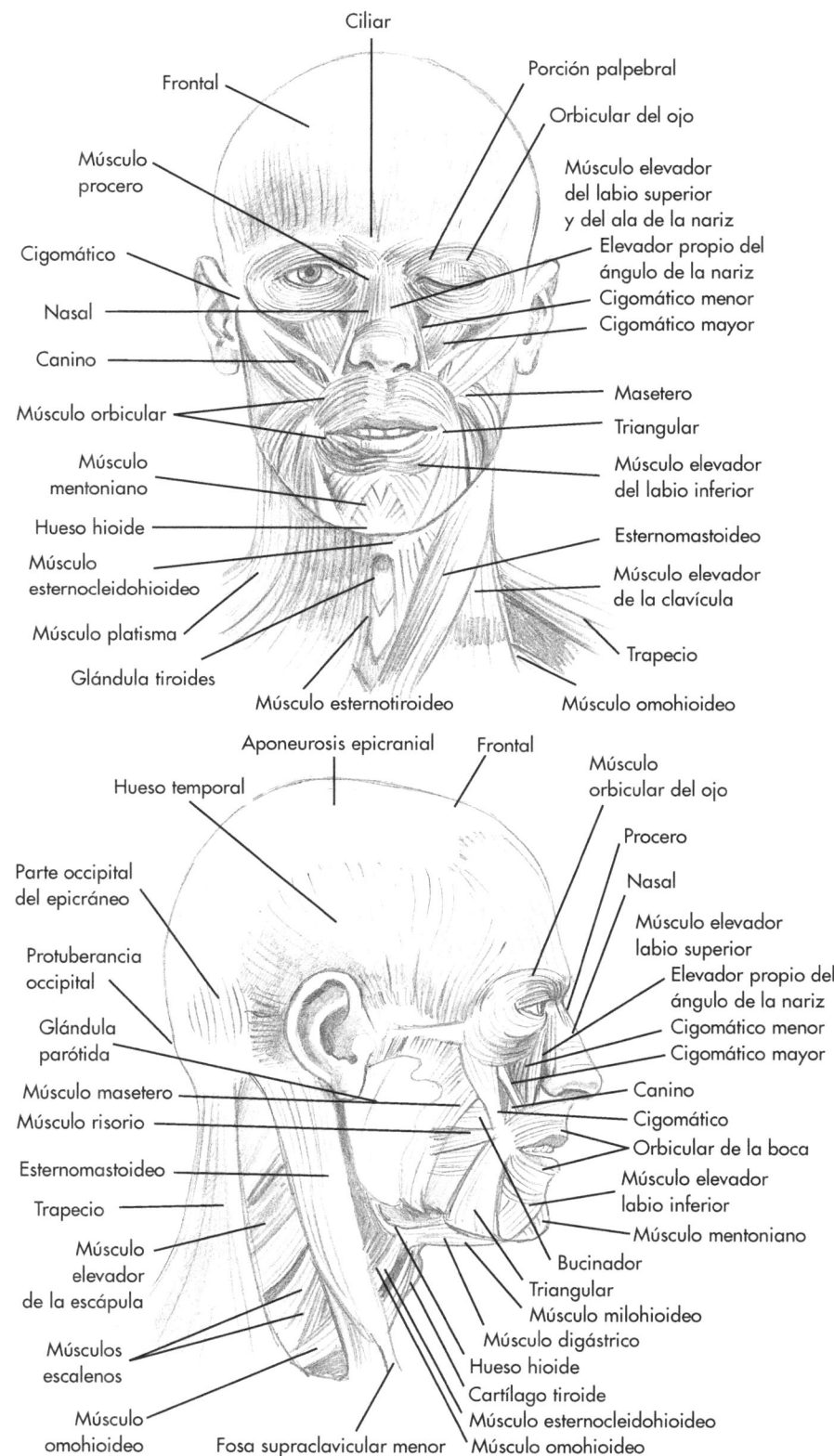

El movimiento y la expresión son dos elementos esenciales de los retratos y ambos tienen mucho que ver con los músculos. Es vital saber dónde están los músculos y cómo se comportan si queremos producir retratos con personalidad e individualidad. Vamos a estudiar las siguientes ilustraciones y las anotaciones que las acompañan.

Músculo/función

Ciliar: estira las cejas de forma conjunta.
Orbicular del ojo: cierra los ojos.
Elevador del labio superior: levanta el labio superior.
Mentoniano: mueve la piel de la barbilla.
Masetero: tracción hacia arriba de la mandíbula inferior; cierre enérgico de la boca.
Parte occipital del epicráneo: tracción hacia atrás de la aponeurosis epicraneal y la piel.
Parte frontal del epicráneo: mueve la piel en lo alto de la cabeza.
Músculo transverso de la nariz: estrecha los orificios nasales. Tracción hacia debajo de la nariz.
Músculo elevador del ángulo de la boca: levanta el ángulo de la boca.
Cigomático mayor: tracción enérgica hacia arriba del ángulo de la boca.
Músculo depresor del ángulo de la boca: tracción hacia abajo del ángulo de la boca.
Depresor del labio inferior: enérgico estiramiento hacia abajo del labio inferior.
Risorio: estiramiento lateral del ángulo de la boca.

Ciliar

Frontal

Porción palpebral

Orbicular del ojo

Músculo procero

Músculo elevador del labio superior y del ala de la nariz

Cigomático

Elevador propio del ángulo de la nariz

Nasal

Cigomático menor

Cigomático mayor

Canino

Músculo orbicular

Masetero

Triangular

Músculo mentoniano

Músculo elevador del labio inferior

Hueso hioide

Esternomastoideo

Músculo esternocleidohioideo

Músculo elevador de la clavícula

Músculo platisma

Glándula tiroides

Trapecio

Músculo esternotiroideo

Músculo omohioideo

Aponeurosis epicranial

Frontal

Hueso temporal

Músculo orbicular del ojo

Parte occipital del epicráneo

Procero

Nasal

Protuberancia occipital

Músculo elevador labio superior

Glándula parótida

Elevador propio del ángulo de la nariz

Cigomático menor

Músculo masetero

Cigomático mayor

Músculo risorio

Canino

Esternomastoideo

Cigomático

Orbicular de la boca

Trapecio

Músculo elevador labio inferior

Músculo elevador de la escápula

Músculo mentoniano

Bucinador

Triangular

Músculo milohioideo

Músculos escalenos

Músculo digástrico

Hueso hioide

Cartílago tiroide

Músculo esternocleidohioideo

Músculo omohioideo

Fosa supraclavicular menor

Músculo omohioideo

21

CÓMO PREPARAR UN RETRATO

Cuando ya tengas confianza en tu capacidad para dibujar los rasgos con cierta precisión, estarás listo para ponerte manos a la obra en un retrato con un modelo a escala real. Es posible que alguien te encargue o te pida que le hagas un retrato, pero lo normal es que en un principio seas tú quien le pidas a alguien que pose para ti.

Necesitarás acordar una serie de sesiones de modelaje y cuánto durará cada una. Lo normal es que baste con dos o tres sesiones de modelaje de entre 30 minutos y una hora. Es aconsejable que el modelo no se aburra demasiado con las sesiones ya que ese aburrimiento puede reflejarse en su expresión y, por lo tanto, también en el retrato.

Una vez ya hayáis decidido cuándo se realizarán las sesiones, será el momento de ponerse en marcha. Lo primero es realizar varios dibujos de la cara y la cabeza del modelo y del resto del cuerpo, si es necesario, desde distintos ángulos. El objetivo será captar la forma con claridad y precisión. Además, deberías hacerle fotos: de frente y tres cuartos y, si es posible, también una foto de perfil.

Toda esta información te ayudará a decidir cuál es el mejor ángulo para realizar el retrato y hasta qué punto quieres mostrar la figura.

El boceto preliminar también te ayudará a ver cómo se muestran los rasgos y a tomar decisiones sobre hasta qué punto quieres destacarlos en el trabajo final. Variar las condiciones de la luz y cambiar la expresión de la cara puede desembocar en variaciones en cada rasgo. Por ello, habrá que decidir con exactitud qué variaciones se quieren incluir en el dibujo.

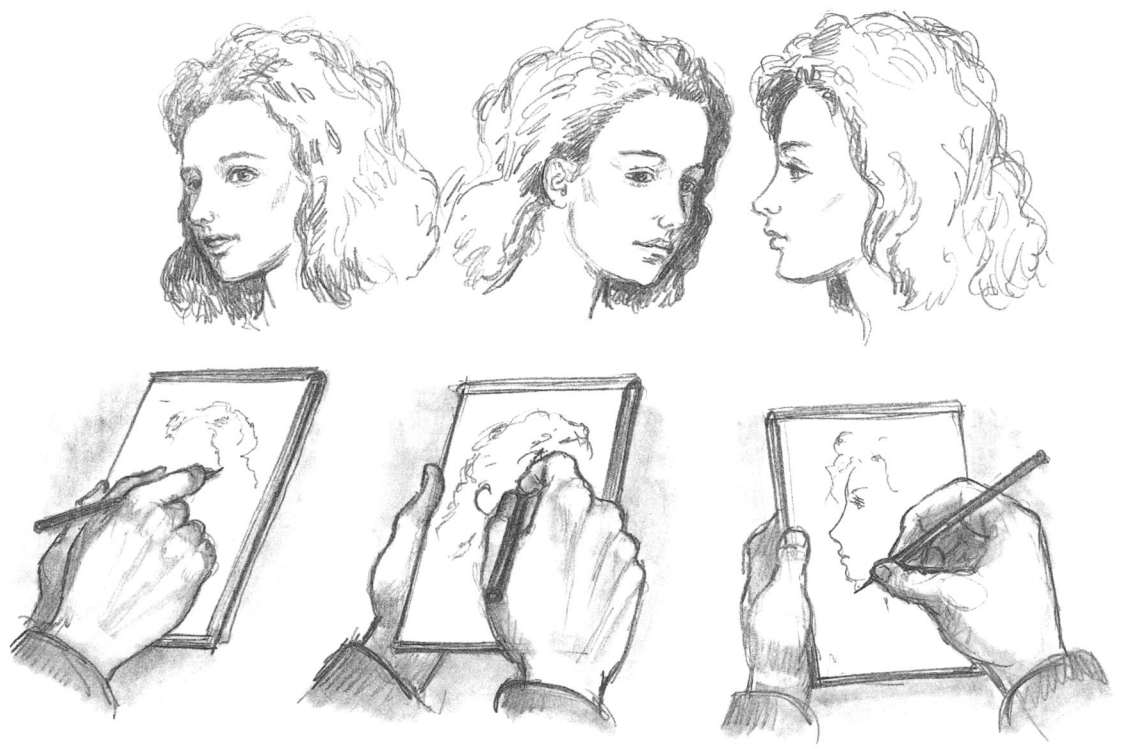

Dibuja la cara mirando hacia la izquierda y hacia la derecha y también de perfil.

Regla básica

Al dibujar a distancia (la distancia desde la que ves al modelo desde donde estás situado) las proporciones pueden calibrarse utilizando una regla muy sencilla. Se pueden tomar las medidas estirando el brazo y sosteniendo un lápiz al lado del lienzo (véase la ilustración más abajo). Una vez se ha tomado la medida, se puede transferir al papel.

Hay que asegurarse de medir todo en el dibujo del mismo modo, manteniendo la misma distancia entre el modelo y el lápiz extendido con el brazo recto. Si se procede de esta manera, se puede garantizar gran precisión en las proporciones. En cambio, si nos desviamos, las proporciones no serán las correctas.

Esta regla básica también se puede utilizar cuando dibujamos en una proporción mayor que la distancia de la visión extrapolando las proporciones. Sin embargo, sólo pueden hacerlo artistas que ya gozan de gran experiencia. Para los dibujantes que se encuentran en la fase inicial de aprendizaje es útil e instructivo dibujar en proporciones grandes, en ocasiones a tamaño mayor que el real, para ver con claridad los errores y, si es necesario, realizar correcciones.

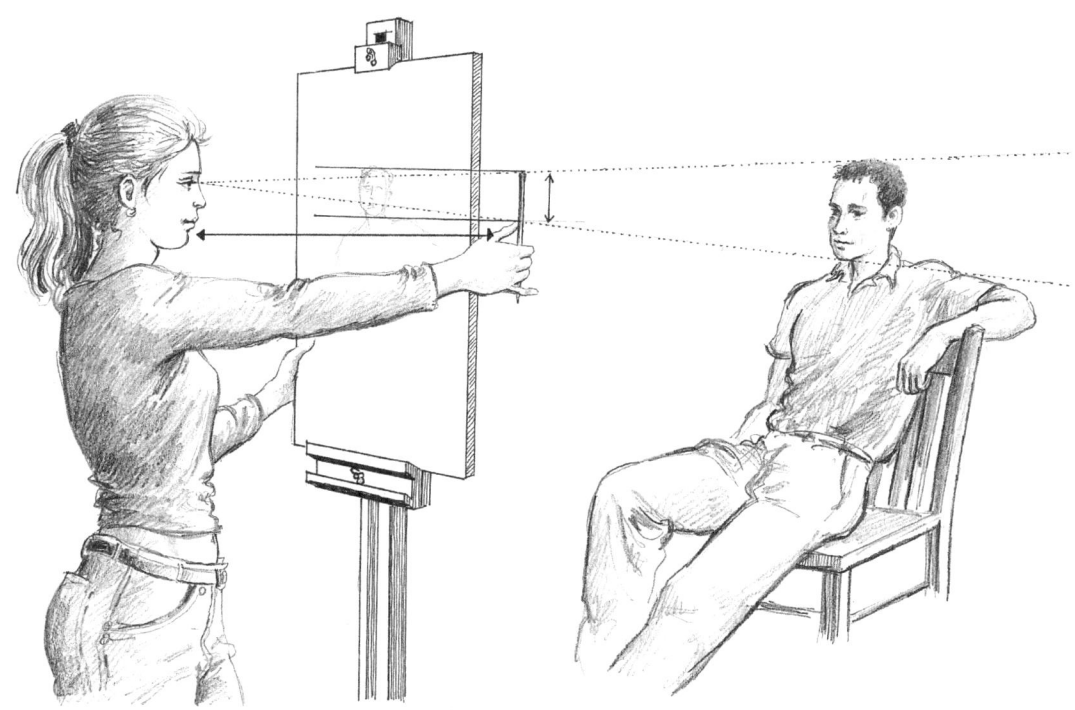

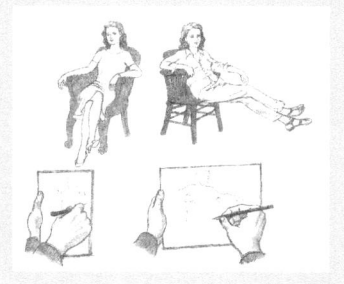

UN TRUCO ÚTIL

Decide la pose. Si te decantas por sentar al modelo en una silla o incorporar oros elementos, incluye la silla u otros objetos ya en los bocetos. Véanse la página 34-39 para tener más información sobre cómo diseñar una composición y una pose.

23

ILUMINAR AL MODELO

Todo retrato quedará afectado por el tipo de iluminación que se utilice, ya sea natural o artificial. El pintor Ingres describió el modo clásico de iluminación como «iluminar al modelo desde casi una posición frontal, ligeramente por encima y ligeramente a un lateral de la cabeza del modelo». Este enfoque tiene gran mérito, sobre todo para los que se inician en los retratos, ya que ofrece una visión clara de la cara pero también permite ver al modelo bien por el lateral de la cabeza y la nariz, mostrando los rasgos con claridad.

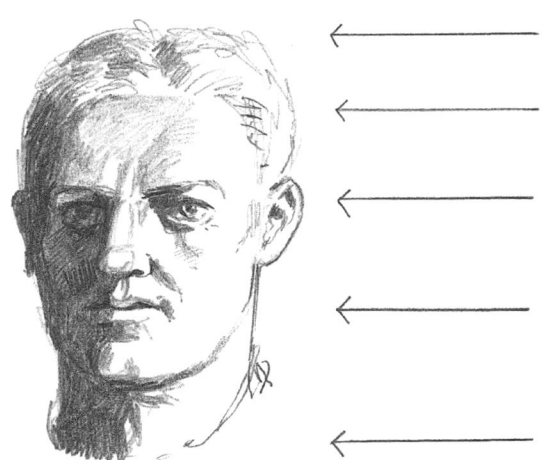

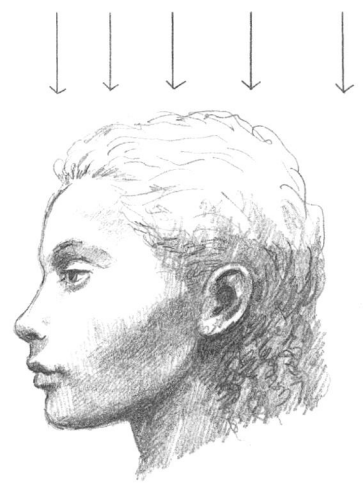

La luz que proviene directamente de un lado produce un efecto dramático, con fuertes sombras muy marcadas en la parte izquierda, que aportan un efecto afilado a la zona sombreada.

El aspecto tridimensional de la cabeza de la chica se consigue gracias a una iluminación que viene directamente de la parte superior, aunque el efecto general es mucho más suave que en el del ejemplo anterior. Las sombras definen las cejas y las mejillas y suavizan la barbilla así como las zonas más bajas de la cabeza.

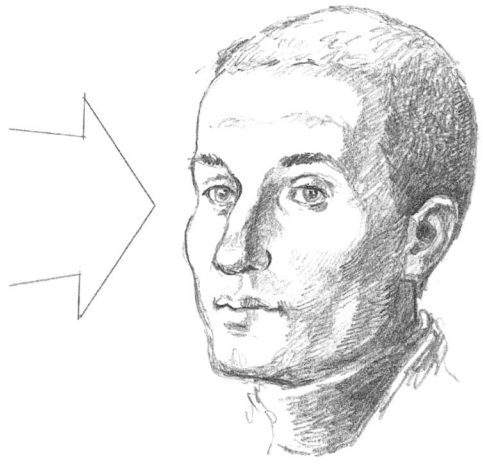

La iluminación de la cara desde la parte frontal y lateral (tal y como defendía Ingres) aporta un equilibrio de sombras. En este ejemplo las sombras se centran en el lado derecho y muestran con claridad la estructura ósea.

UN TRUCO ÚTIL

Tal y como demuestran esta series de imágenes, la iluminación direccional puede provocar grandes diferencias en la cara. El mismo principio se aplica de igual forma a figuras y objetos. Conviene ir experimentando con la ayuda de una lámpara pequeña o velas. Puedes situar los objetos o las personas en diferentes ángulos y distancias desde la luz para ver la diferencia que causa.

Con la iluminación artificial se puede controlar la dirección y la cantidad de luz, dejando de depender, de esta manera, de las variaciones climáticas. Para conseguir resultados satisfactorios, bastará con una lámpara que permita regular los ángulos y hojas blancas de papel para reflejar la luz.

La iluminación desde detrás del modelo tiene que tratarse con delicadeza, ya que, aunque se pueden producir sombras muy sutiles, también se corre el riesgo de acabar dibujando una silueta si la luz es demasiado fuerte. Lo normal es que algún tipo de reflejo desde otra dirección cree definiciones más interesantes de las formas.

La única iluminación direccional que no es muy útil es la que viene bajo la cara por que esa luz hace que la persona sea difícilmente reconocible.

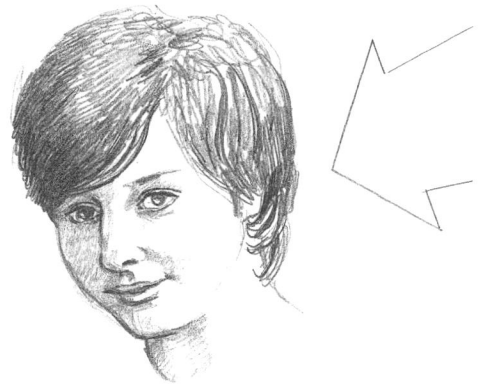

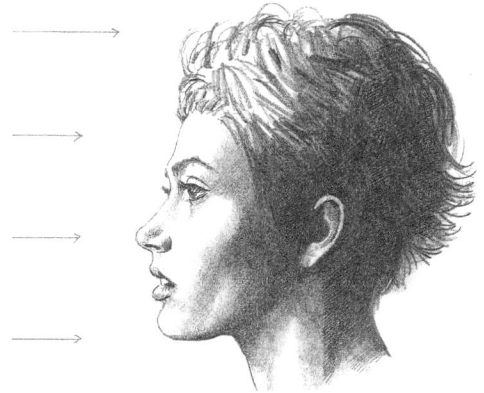

Con una iluminación frontal y también por encima de la modelo, este ejemplo también le debe mucho a Ingres. La ligera inclinación de la cabeza permite que las sombras se extiendan suavemente por el lado más alejado de la cara.

Iluminar al modelo directamente desde enfrente muestra los rasgos con dureza, sometiendo las zonas del pelo y de la parte trasera de la cabeza a fuertes sombras.

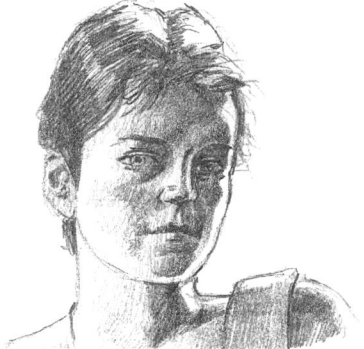

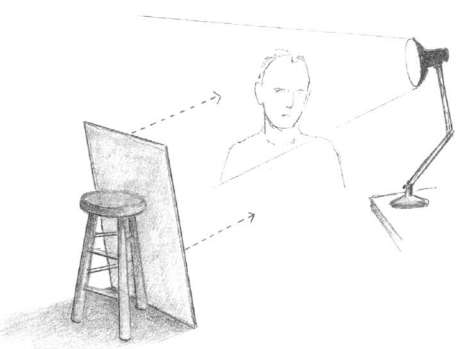

La iluminación trasera no es muy común en los retratos aunque puede llegar a ser muy efectiva. El truco está en no pasarse.

La luz reflejada puede utilizarse para eliminar algunas sombras que recaen sobre la cara. Si se quiere utilizar esta técnica, hay que poner una gran cartulina blanca o algo semejante enfrente de la fuente de luz.

EFECTOS CON TÉCNICA

A continuación exponemos diferentes formas para crear un retrato efectivo variando las técnicas. Hay variaciones en el tratamiento de la cabeza de un joven modelo para mostrar algunas de las posibilidades estilísticas.

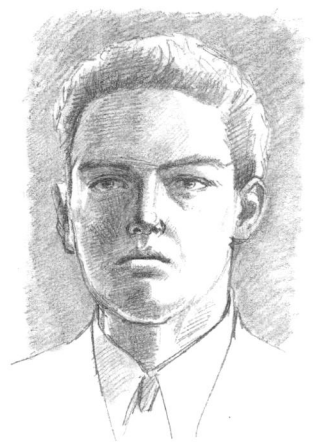 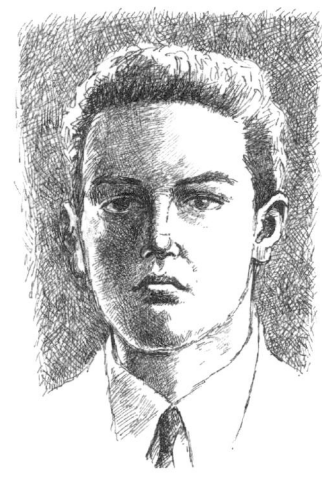 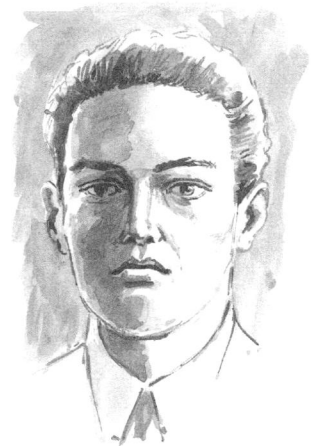

Los tonos se han trabajado con un difumino para difuminar el lápiz y producir un efecto de tonos más gradual en las zonas de sombra.

El método que se utiliza en este caso, en tinta, requiere mucho tiempo. Las áreas tonales han sido creadas poco a poco con distintos tipos de líneas entre cruzadas y trazos irregulares, lo que le otorga un efecto sólido a la cabeza.

Utilizando un pincel y tinta o acuarelas en solo un color el retrato adoptará un aspecto más pictórico. Con esta técnica no hay que ser demasiado preciso con las pinceladas.

Este último método consiste en utilizar la técnica para captar la forma, no el parecido. Una vez ya se tienen los rasgos y las zonas tonales bien plasmadas, empieza el ejercicio técnico de hacer los contornos muy suaves y continuos. Entonces, con una mina, se trabajan las zonas tonales hasta que se gradúan con mucha suavidad sobre la superficie y se van perfeccionando al máximo con cuidado.

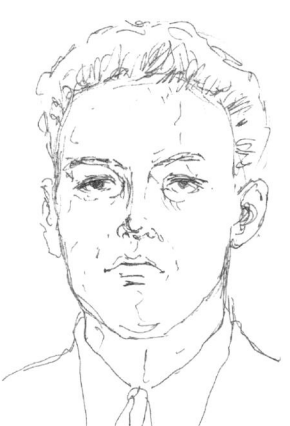

En este ejemplo, dibujado con tinta, no se ha intentado crear tonos diferenciados. Se trata de un retrato abierto y realizado fijándose en los rasgos generales. Se trata de un método rápido que requiere confianza en uno mismo y facilidad con el pincel o la pluma.

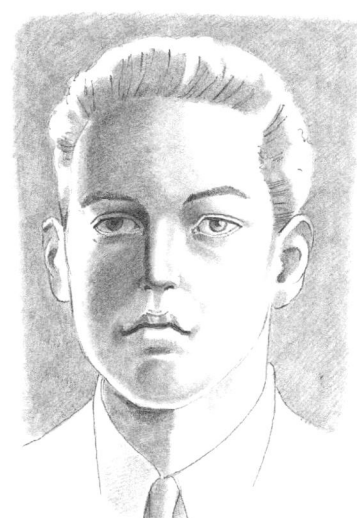

EJERCICIOS PARA PERFECCIONAR LAS TÉCNICAS

Lápiz y grafito

Un lápiz es la herramienta más sencilla y también la más imprescindible para empezar la exploración de una técnica. Intenta realizar estos sencillos ejercicios de calentamiento que puedes practicar cada día que tengas tiempo para dibujar. Te serán muy útiles para mejorar la técnica.

Utilizando un lápiz, dibuja una línea larga de cuadrados de unos 2,5 cm. Haz sombras en cada uno de ellos empezando por un cuadrado totalmente en negro. El siguiente recuadro ya lo sombrearás un poco menos, y así poco a poco irás sombreando gradualmente cada cuadrado de la manera más unifor me posible con toques cada vez más suaves hasta llegar a un recuadro totalmente blanco.

Crear tonos con múltiples direcciones

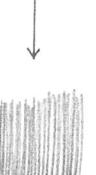

Líneas verticales primero, muy juntas entre sí.

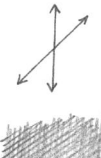

Líneas oblicuas desde la parte superior derecha hasta la parte inferior izquierda, trazadas sobre las líneas verticales.

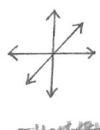

Líneas horizontales sobre las líneas que ya habíamos dibujado en los pasos 1 y 2.

A continuación dibuja líneas oblicuas desde la zona superior izquierda hasta la zona inferior derecha sobre los pasos 1-3.

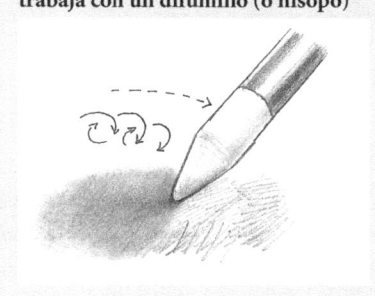

UN TRUCO ÚTIL

Los tonos suaves y graduados con delicadeza se pueden conseguir si se trabaja con un difumino (o hisopo)

Intenta utilizar una barra grafito en los dos ejercicios siguientes. También se pueden realizar con un lápiz blando con buena punta.

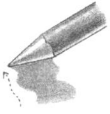

Pon el lateral de la punta del grafito o el lápiz en el papel y haz unas marcas suaves, diluidas.

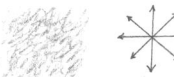

Utilizar la punta en diferentes direcciones también funciona bien.

Pluma y tinta

Hay toda una serie de ejercicios para trabajar con pluma pero desde luego requieren mucha más atención y precisión que el lápiz ya que es impor tante que la punta no quede atrapada en el papel.

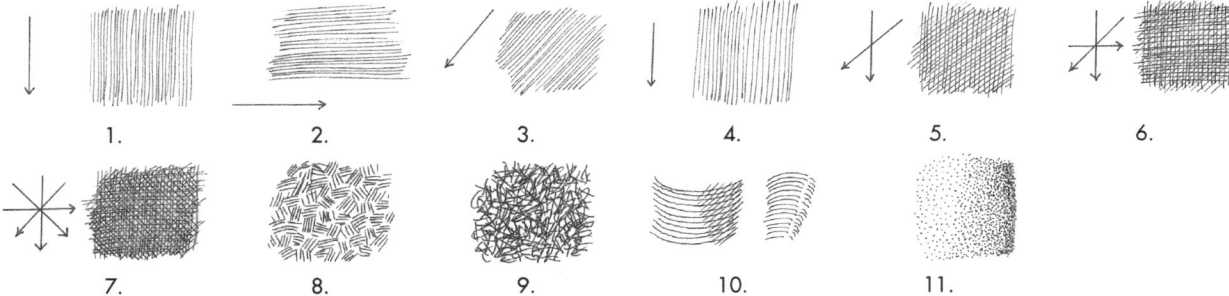

1. Líneas verticales muy cerca las unas de las otras en una única dirección.
2. Líneas horizontales muy juntas unas de las otras en una única dirección.
3. Líneas oblicuas muy cerca las unas de las otras en una única dirección. Repetir los pasos anteriores pero esta vez sumando:
4. Líneas verticales.
5. Líneas oblicuas sobre las verticales.
6. Líneas horizontales sobre las oblicuas y las verticales.
7. Líneas oblicuas en ángulo de 90 grados en relación a las líneas oblicuas sobre los tres ejercicios anteriores para crear el tono.
8. Haz rodales con cortos trazos en diferentes direcciones, cada vez juntándolos más.
9. Dibuja pequeñas líneas sobrepuestas en todas las direcciones.
10. Dibuja líneas que sigan el contor no de la forma, situándolas más cerca las unas de las otras. Para una variante adicional, dibuja líneas oblicuas cruzando esas líneas de contorno.
11. Dibuja multitud de puntos para describir las zonas tonales.

Sombrear con tiza

Esta serie de ejercicios que proponemos a continuación es parecida a la anterior pero requieren un mayor cuidado para no hacer manchas al dibujarlas. La clave está en no utilizar un papel que sea muy liso, sino mejor uno con cier ta textura en la superficie para que la tiza pueda adherirse bien.

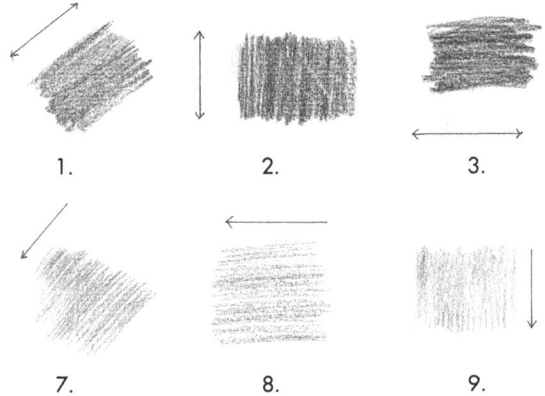
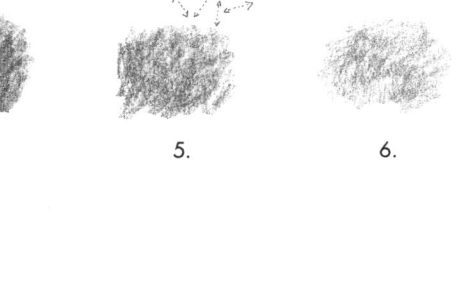

1. Sombrea de manera oblicua en dos direcciones.
2. Sombrea verticalmente en dos direcciones.
3. Sombrea horizontalmente en dos direcciones.
4. Sombrea en varias direcciones, apretando.
5. Sombrea en varias direcciones, sin apretar tanto.
6. Sombrea en varias direcciones, con mucha suavidad.
7. Sombrea en una dirección, oblicuamente.
8. Sombrea en una dirección, horizontalmente.
9. Sombrea en una dirección, verticalmente.

Pincel y acuarela

La mejor forma de empezar a dibujar con pincel y acuarela es empezar a hacer estos sencillos ejercicios.

El pincel deberá mojarse bastante en agua y color, mezclándolos de manera generosa en una paleta y utilizando un papel grueso, que acepte bien el agua.

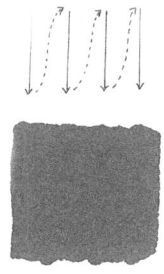

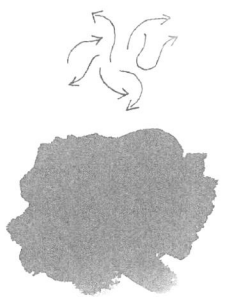

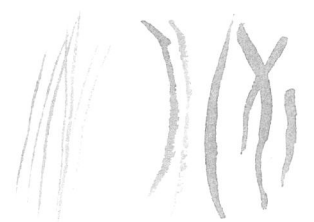

Con un pincel untado en tinta o acuarela diluida en agua, rellena un cuadrado de forma lo más uniforme posible en un papel para acuarela.

Repite el ejercicio pero esta vez con pinceladas en todas las direcciones.

Pon bastante color en el pincel y gradualmente añade agua para que el tono vaya debilitándose mientras trabajas. Sigue pintando con el pincel hasta que acabe secándose y ya no te quede nada de color.

Practica dibujando líneas suaves con el pincel.

Cartoncillo de esgrafiar

Coge un utensilio de esgrafiado con una punta fina y otro con punta redondeada y prueba a ver cómo se te da con el cartoncillo de esgrafiar. El utensilio con la

punta redondeada produce líneas más anchas y gruesas que la herramienta más puntiaguda, como puede verse en los ejemplos que se muestran a continuación.

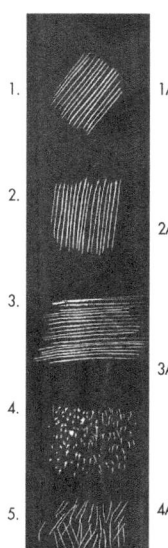

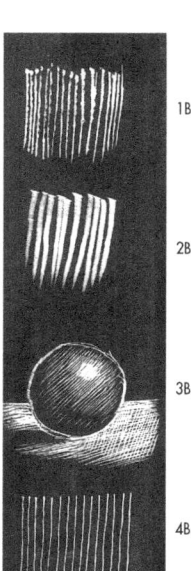

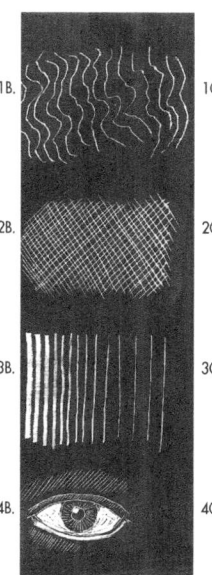

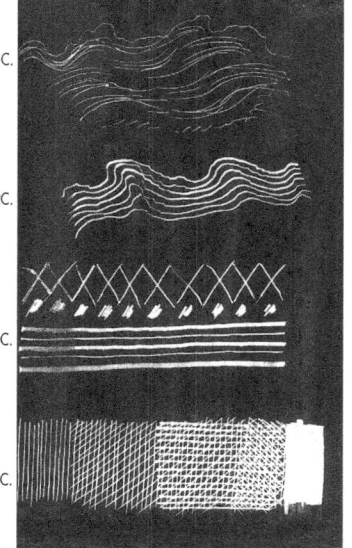

1. Línea fina oblicua
2. Línea fina vertical
3. Línea fina horizontal
4. Pequeños puntos y trazos
1A. Líneas verticales más gruesas
2A. Líneas verticales aún más gruesas
3A. Dibuja una pelota y después ve haciendo líneas para revelar el lado más ligero.
4A. Trazos finos verticales del mismo tamaño
1B. Líneas onduladas
2B. Entramado con líneas finas
3B. Gradualmente, reduce las líneas de gruesas a finas
4B. Dibuja la forma de un ojo y después poco a poco ve quitando con las herramientas la capa oscura en las zonas que tienen que ser más claras.
1C. Líneas onduladas finas
2C. Líneas onduladas más gruesas
3C. Patrón entrecruzado
4C. Entramado múltiple que aumenta la complejidad de izquierda a derecha

ESTILOS

En las siguientes páginas se presentan unos ejemplos de retratos empleando las distintas técnicas que hemos estudiado. Algunos tienen un aspecto más acabado que otros, pero todos resaltan por su autenticidad y estilo único y captan la personalidad del modelo.

Los detalles de la cara se simplifican y la mayoría de los tonos quedan diluidos en esta copia de un dibujo de Aristide Maillol realizado por su compañero y escultor Eric Gill. El distinto énfasis en los contor nos nos ayuda a vislumbrar un efecto de dimensión, pero se trata más de una dimensión de una escultura en bajo relieve.

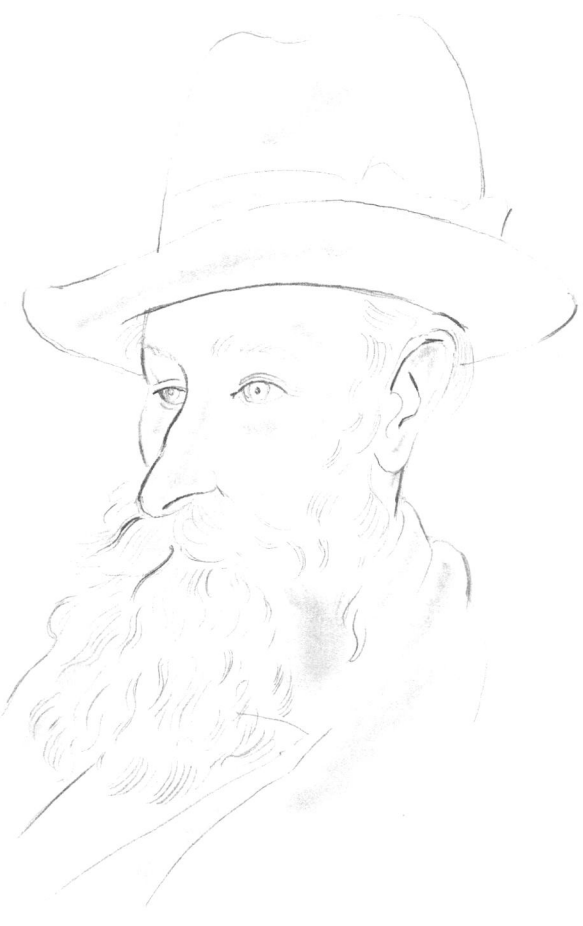

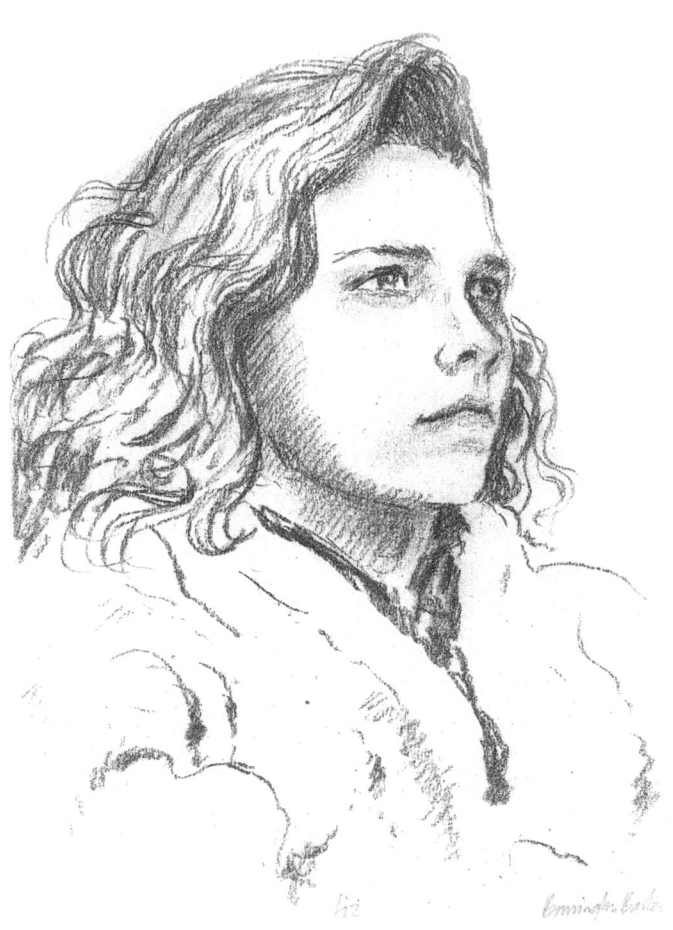

El pintor tardó unos veinte minutos en realizar este retrato con carbón negro. El estilo es sencillo y la técnica bastante sencilla. La cara ha sido dibujada sin que haya habido muchas sesiones de modelaje, resaltando los rasgos con corrección. El interés se crea en la textura de las líneas de carboncillo y en el bonito pelo largo de la modelo.

Lo que llevó más tiempo en este dibujo en pluma y tinta (pluma estilográfica con punta fina sobre un papel bastante fino) fue trazar el perfil. El retrato tenía que hacerse con rapidez porque solo se podía disponer del modelo unos minutos, ya que se trataba de un ejercicio que formaba parte de una clase de arte en el que los estudiantes posaban entre sí. Los contornos son lo que más se resalta, con un poco de tono, sobre todo en el pelo. En los retratos rápidos es esencial centrarse en un aspecto en concreto.

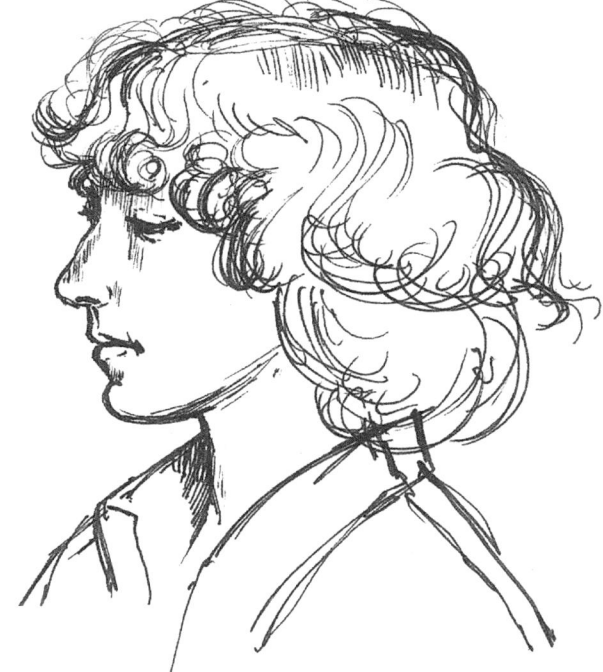

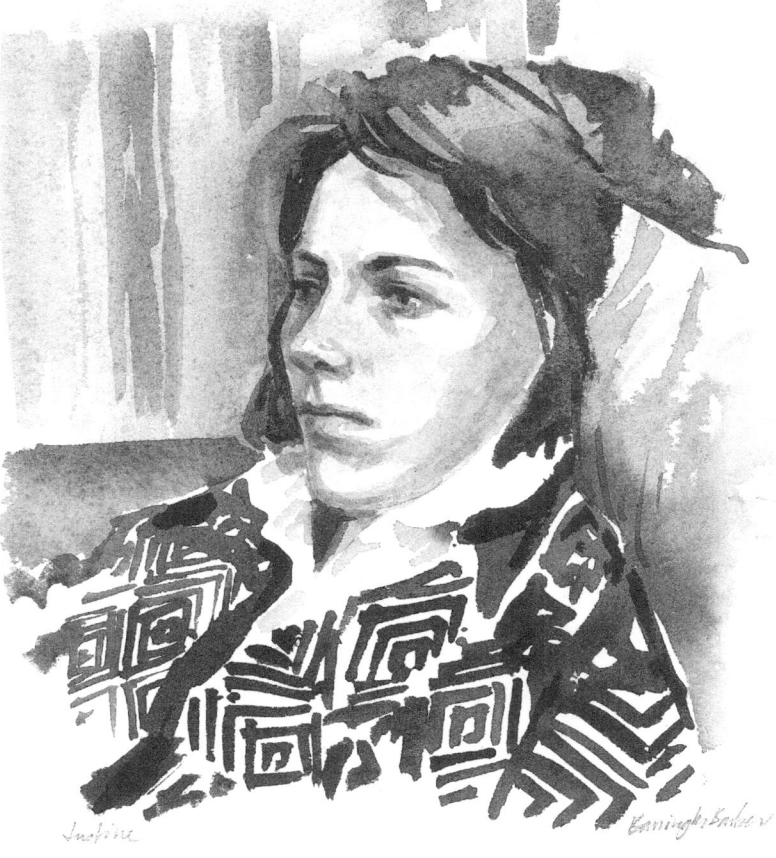

En este retrato con acuarelas sobre papel para acuarela se ha utilizado mucha agua en los tonos de la cara y en el fondo, muy suave. La fuerza del color de la chaqueta y el pelo es mucho mayor que en ningún otro punto del retrato. Los ojos, la nariz y la boca necesitan toques de tono más fuerte, sobre todo en la línea de la boca y las pestañas superiores, las cejas y las pupilas de los ojos. Este tipo de dibujo puede tener un resultado bastante satisfactorio, primero pintándolo todo en tonos claros y después resaltando y reforzando los tonos más oscuros.

31

Gran parte del relieve se consigue con el mínimo esfuerzo en este ejemplo. La razón reside en el uso de la combinación: lápiz conté en color marrón y terracota, tiza blanca y papel con un poco de color. Hay que advertir que el énfasis se produce al mantener a un mínimo los lápices conté más oscuros, suficiente como para describir lo que hay, pero sin resaltar nada. De forma similar, la tiza se utiliza solo para destacar algunos puntos. El tono medio se aplica con mucha suavidad, sin resaltar nada en exceso. El papel con color disminuye el trabajo del artista y le permite una producción rápida de un retrato pero con todas las cualidades de un estudio detallado. A menudo verás que es muy efectivo incluir un poco de fondo para hacer sobresalir la parte más ligera de la cabeza.

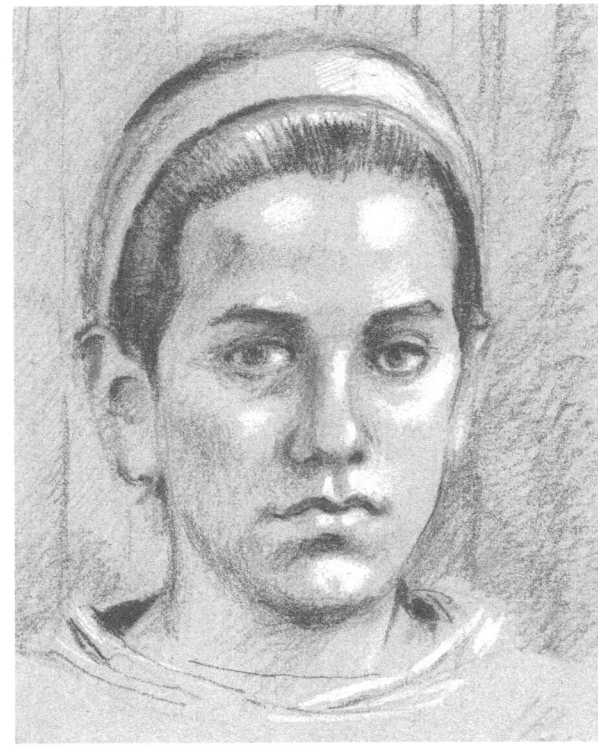

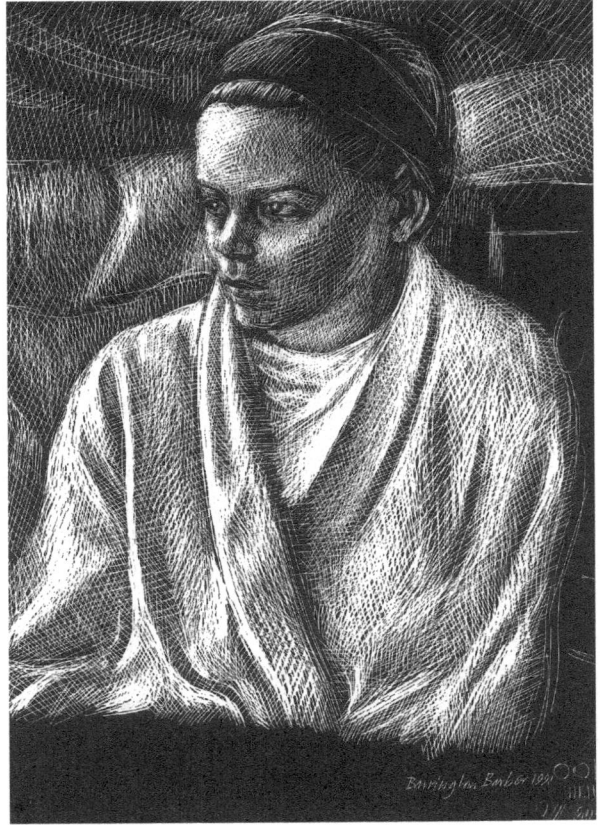

Con la técnica del cartoncillo de esgrafiar el artista tiene que hacer el proceso inverso, revelando las zonas más claras de color y dejando las oscuras tal y como está el papel. En este caso la modelo se ha dibujado de forma correcta, con un albornoz blanco para garantizar muchas zonas claras, aunque es difícil juzgar hasta qué punto se tiene que trabajar la cara. El pelo y la cinta se han dejado en un tono más oscuro, de manera que la cara queda más resaltada.

UN TRUCO ÚTIL

Se pueden obtener efectos similares al del cartoncillo de esgrafiar con tiza blanca sobre papel negro. Puedes probarlo como ejercicio ya que te enseñará mucho sobre cómo equilibrar los tonos claros con los oscuros.

Una amplia gama de rotuladores de colores se han utilizado para hacer este dibujo espontáneo y de ahí la variación de los tonos. Los rotuladores suelen ser bastante gruesos, así que he tenido cuidado y he dejado espacio entre las líneas, excepto cuando se quiere resaltar el contorno.

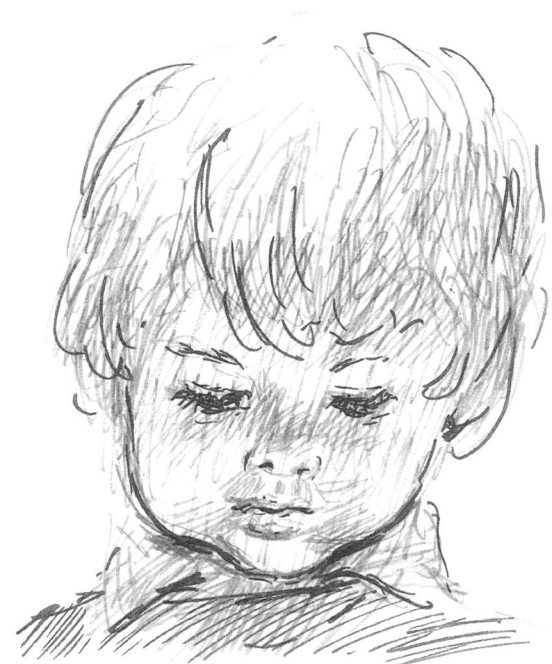

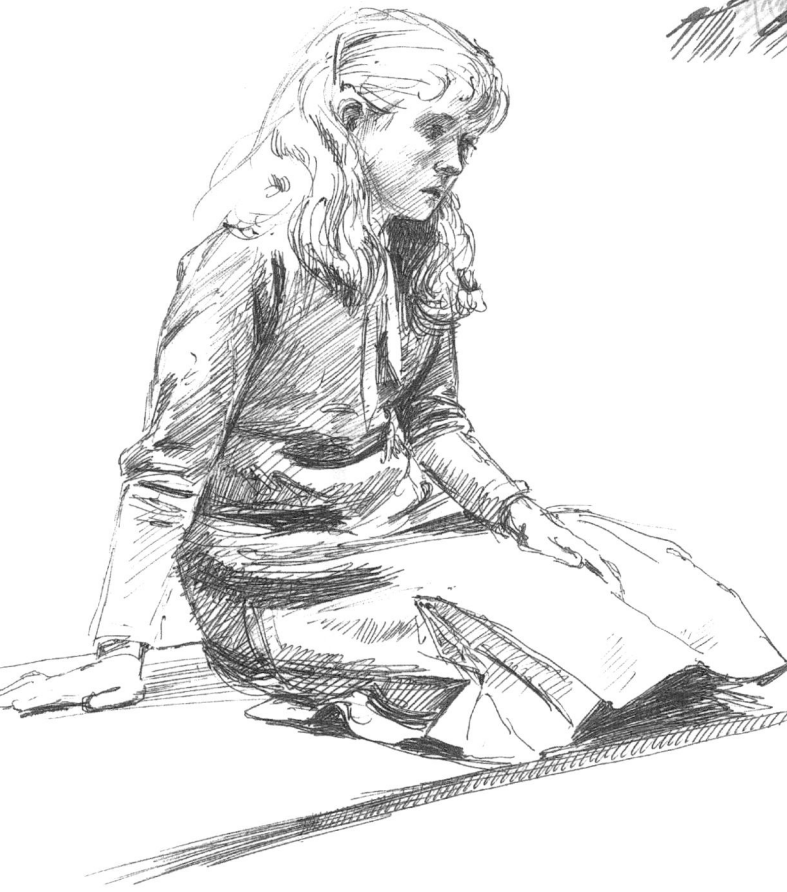

Una pluma estilográfica fina fue lo que utilicé para producir este esbozo rápido. La técnica es casi un garabato porque solo se necesitan unos minutos para tener el resultado. Los tonos se realizan con sencillez con zonas más oscuras en las que hay más líneas para darles el énfasis suficiente. El contraste entre las zonas oscuras y las zonas sin tratar es importante para darle un efecto de dimensión al dibujo.

DISEÑAR UN MARCO

Una vez hayas elegido al modelo, el siguiente paso será tener en cuenta toda la composición. La consideración más básica es cómo vas a situar a la figura en relación con el marco del dibujo. La pose o actitud que elijas tendrá un gran impacto. Cada disposición de las que mostramos a continuación transmite una idea o un estado anímico asociado con el modelo. Una buena composición no es nunca accidental ni casual.

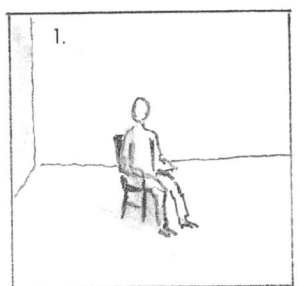

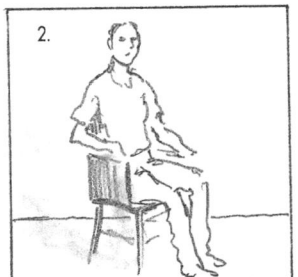

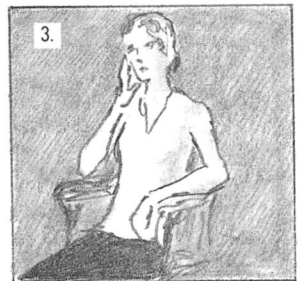

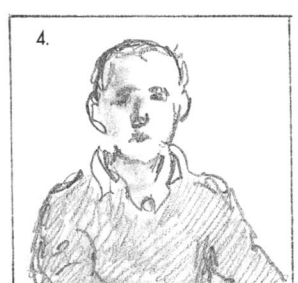

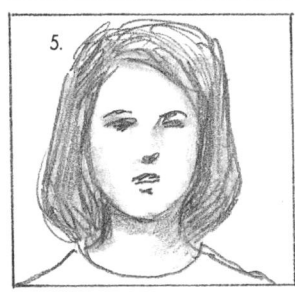

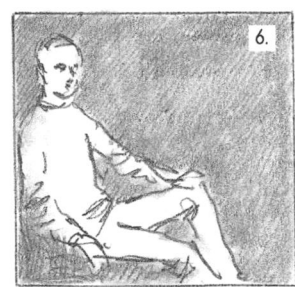

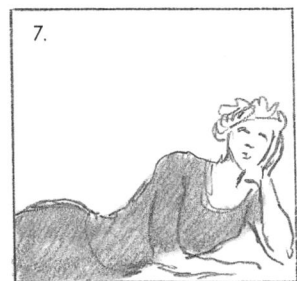

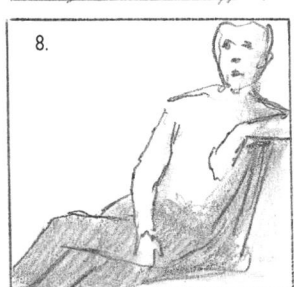

1. Para que el modelo fuese claramente reconocible el retrato tendría que ser enorme. Tendría que haber una buena razón para elegir un grado de distancia tan grande.

2-5. En estas series de puntos de vista el observador cada vez tiene una visión más cercana al modelo. Cuanto más acercamos la cabeza al observador más parecido necesitamos conseguir, tanto física como psicológicamente.

6-8. Un modelo que no esté centrado en el dibujo puede provocar un gran efecto dramático. Ya no se trata solo del retrato de alguien y empezamos a considerarlo como una experiencia estética y artística más completa. El espacio en el cuadro equilibra las cualidades dinámicas de la figura o la cara.

9. No hay muchas caras que puedan soportar tal acercamiento, con tal grado de detalle y mucha gente no se siente cómoda al posar así. Sin embargo, el resultado no deja indiferente a nadie.

10. En esta interesante pose, se muestra lo justo del modelo, que le gira la cara al observador, pero aun así sigue siendo reconocible.

11. Hacer un retrato de medio cuerpo un poco girado con un fondo oscuro le aporta misterio al retrato.

12. Sentado con firmeza en el centro de la composición sin una pose cuidada al observador le puede parecer que hay un poco de confrontación. El fondo, bien iluminado, garantiza que nada quede en

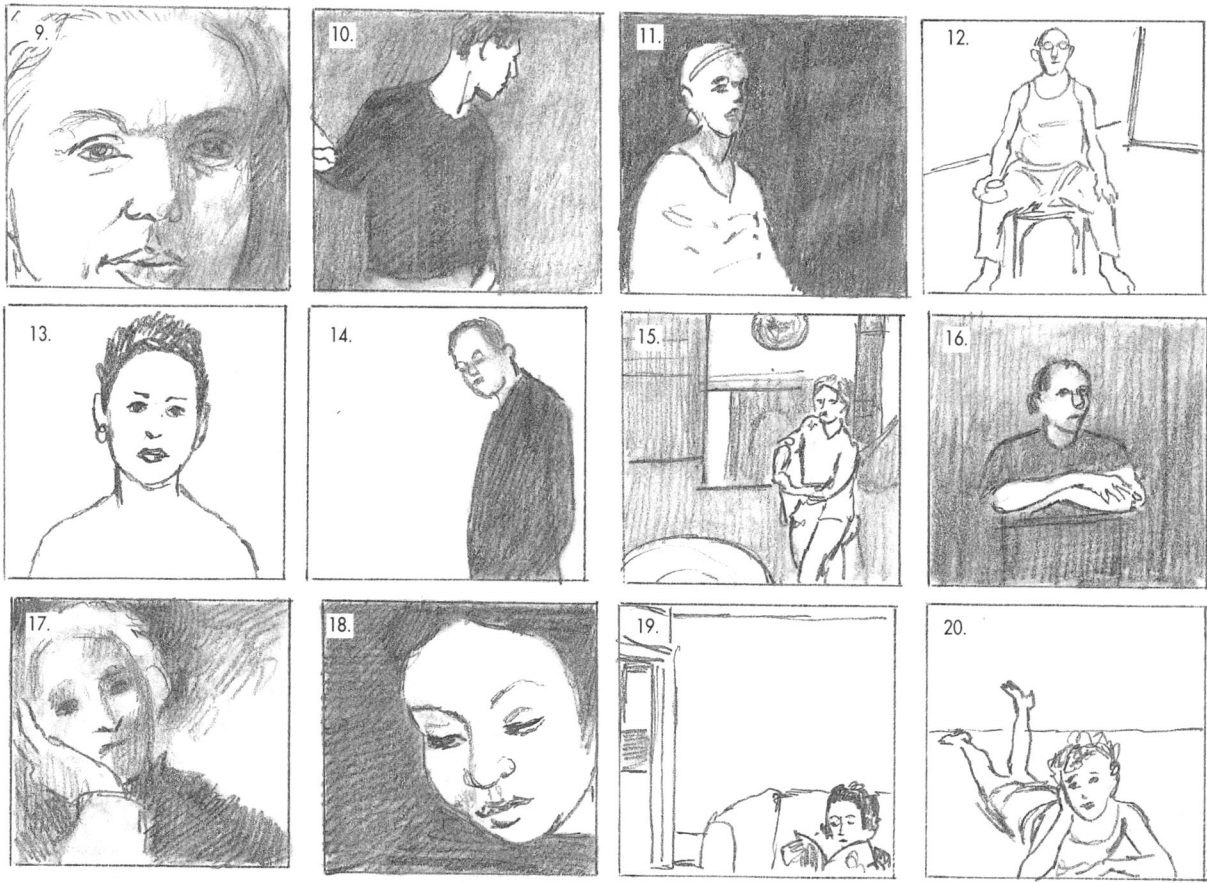

manos de la imaginación, acentuando la visión directa del modelo.

13. Se trata de un retrato en el que se dibujan la cabeza y los hombros, iluminándolo bien, sin tonos ni sombras, sin ningún efecto decorativo. Por lo tanto, la cara tiene que ser muy atractiva.

14. La pose bastante indirecta de la figura sugiere una personalidad tímida, un modelo un tanto reacio a posar.

15. La figura ocupa solo una cuarta parte del lienzo. El énfasis queda en el estilo de vida y el ambiente del hogar.

16. El modelo es misterioso y parece un tanto malhumorado a tenor de la postura y del hecho que no mire directamente al espectador.

17. Un efecto suave, un tanto borroso, puede ser muy halagador y en este ejemplo se le está dando un tratamiento compasivo a una mujer mayor.

18. Esta visión tan cercana de una cara femenina flotando en la oscuridad le otorga un efecto irreal.

19. A un retrato se le puede dar un giro dramático situando al modelo en un rincón inferior del cuadro, como si estuviese a punto de desaparecer de nuestra visión.

20. Aquí la modelo se dibuja en una pose coqueta, centrando la perspectiva en la mitad inferior del cuadro.

COMPOSICIÓN

Aquí podemos ver ejemplos de composición de dos grandes maestros contemporáneos del retrato, David Hockney y Lucian Freud. Mientras que Hockney ha elegido una composición clásica, Freud se ha decantado por una composición mucho más personal. Ambos enfoques hacen que nos cuestionemos la situación y despiertan nuestra curiosidad además de ser una buena opción para realizar un retrato.

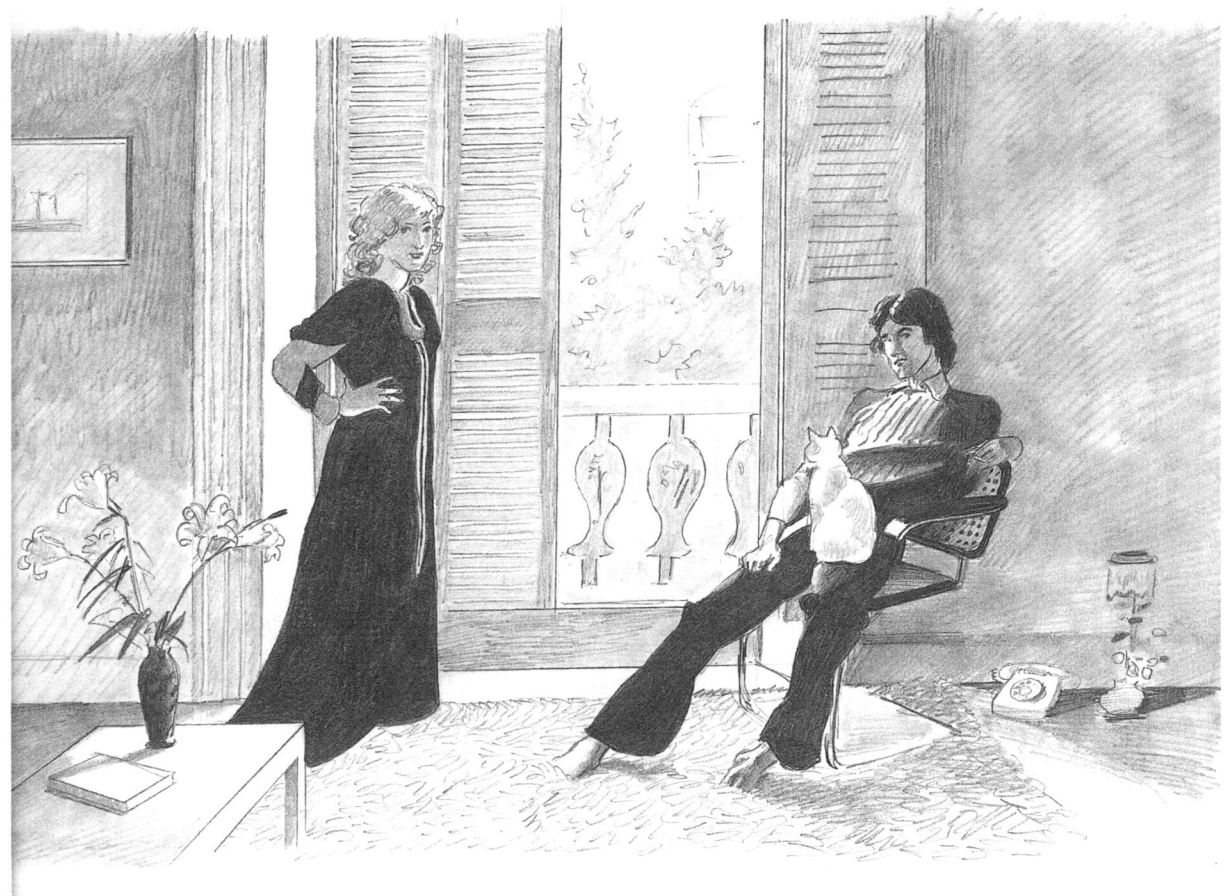

La capacidad de David Hockney para reflejar los esquemas de color en boga de la vida moderna en su trabajo hacen que sea el retratista ideal para un diseñador de moda. En esta copia, Ossie Clarke, su esposa, Celia Birtwell, y su gato, Percy, se muestran en su hogar. El posicionamiento de las figuras es formal, casi clásico, acentuado por el vestido oscuro que lleva Celia y los pantalones oscuros de Clarke, donde resalta

Percy, gracias a su pelaje blanco. El mobiliario es minimalista, y puede que sea tal cual estaba el piso o una composición cuidada del artista. La posición de las flores y el gato resulta interesante en relación con los personajes centrales. Las paredes, con sombras, adyacentes a la luminosa balconera dan sensación de espacio y una tonalidad dramática que contrasta bien con las dos figuras principales.

En el retrato doble de Lucian Freud, de sí mismo y su esposa en una habitación de un hotel parisino, las poses son tan informales como ambigua es la situación. ¿Por qué está ella en la cama y él al lado de la ventana? Está claro que él tenía que estar de pie para producir el retrato pero no nos ha mostrado que él sea el artista. No hay cámara, no hay un lienzo ni tiene una paleta ni pinceles en la mano. Así, que ¿cuál podría ser su intención? Al tratarse de un artista de su categoría este enfoque tan inusual se convirtió en una idea rompedora. La visión un tanto accidental de la composición tienen mucho que ver con el periodo en el que se pintó (la década de 1950).

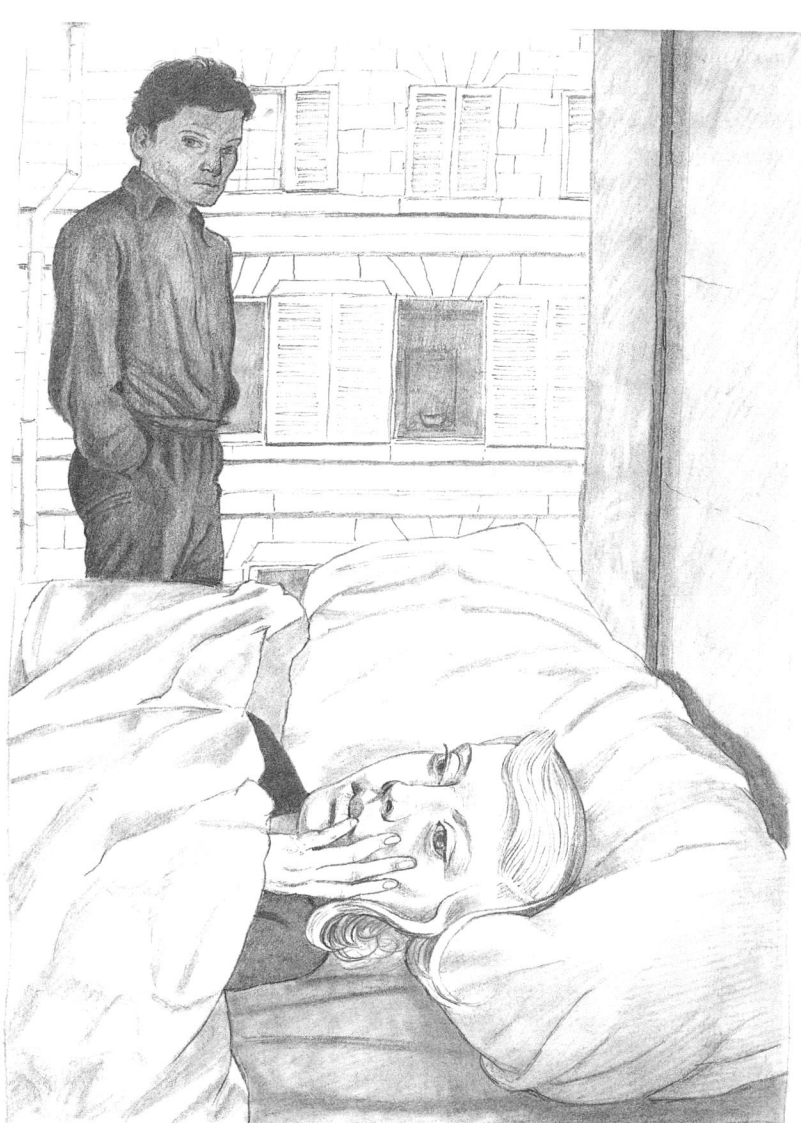

UN TRUCO ÚTIL

No esperes que tus modelos mantengan la misma postura durante periodos prolongados, sobre todo si se trata de niños. No podrás conseguir lo mismo que el pintor romano Caravaggio, que, cuando pintaba grupos, en la cima de su fama, pagaba tan bien a sus modelos que se quedaban quietos sentados o de pie durante días.

POSAR

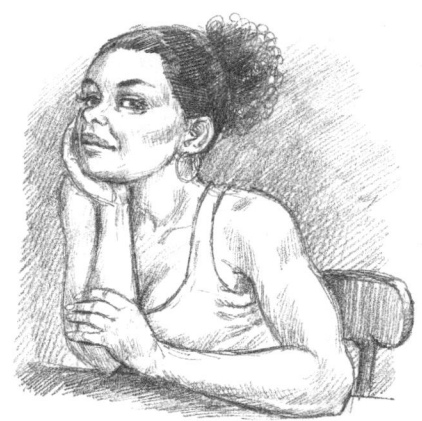

Al elegir la pose de tu modelo, tendrás que prestar especial atención a las manos, los brazos y las piernas porque tienen un papel muy relevante en la composición general. Los retratistas siempre se han interesado en la relación de las extremidades porque transmiten mucho sobre el estado de ánimo o la personalidad del modelo.

Este ejemplo de pose tiene la ventaja de incluir una típica pose de descanso que puede adoptar la modelo.

Es positivo en un retrato porque le otorga cierto movimiento a la pose y permite que se muestren las manos, además de ser en ocasiones un excelente punto estructural. Muchas veces los retratos parecen artificiales porque el modelo ya está cansado y necesita sentarse.

Una pose que incluya los brazos y las manos de forma natural ayuda mucho a aportar profundidad y estructura al retrato.

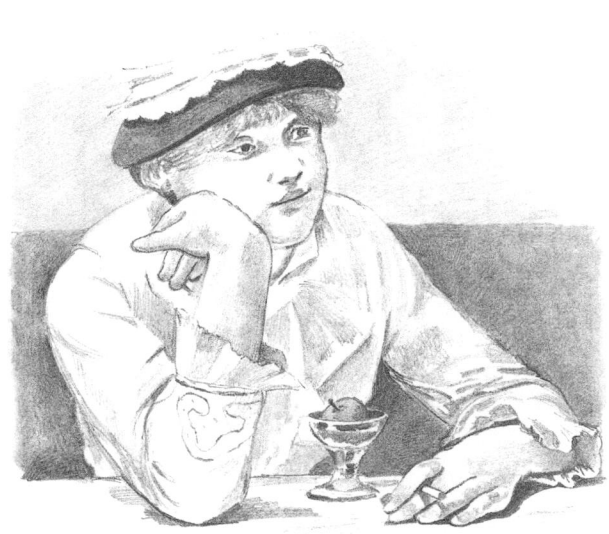

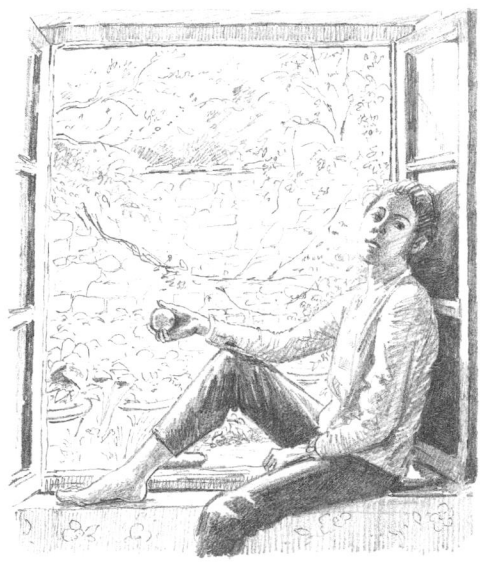

En esta copia de un retrato de Manet, una joven está sentada rodeando su postre de ciruela, con un cigarrillo en la mano izquierda mientras que con la derecha apoya la mejilla. Es una pose naturalista que le confiere un aspecto relajado y espontáneo al retrato.

En este retrato, aparentemente muy relajado, el marco de la ventana también conforma el marco del retrato. Los ángulos de las extremidades aportan una composición muy interesante dentro del marco. No se trata de una pose sencilla que se pueda mantener mucho tiempo así que el retratista deberá hacer bocetos rápidos y fotografías como referencia para el retrato final.

El retrato de Joshua Reynolds de la elegante duquesa de Devonshire con su hijo pequeño fue en su momento un retrato muy rompedor. Las manos y los brazos del niño hacia arriba divirtiéndose en respuesta al gesto juguetón de la madre fue una notable novedad en los retratos. La espontaneidad de esta interacción hace que no solo sea un retrato más moderno sino que lleva al estudio del juego que existe entre cualquier madre y su hijo.

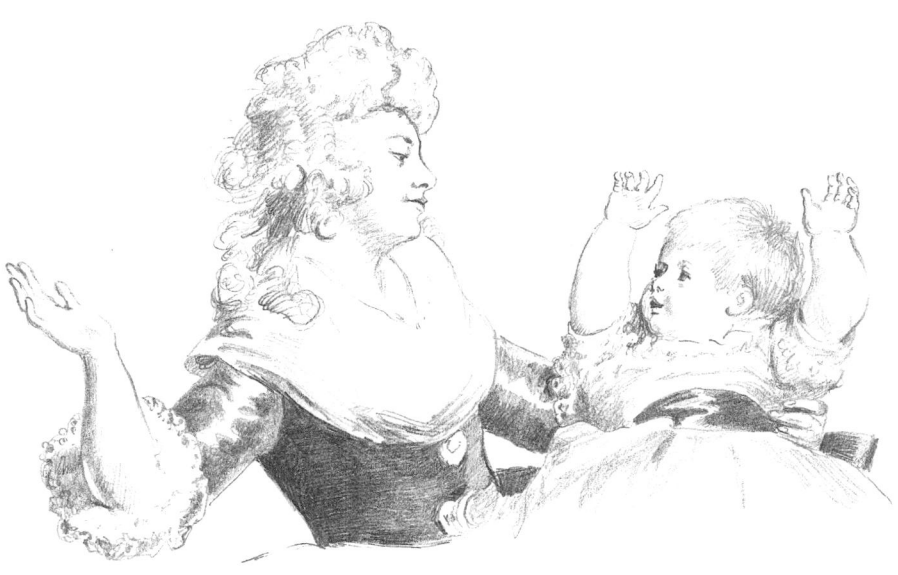

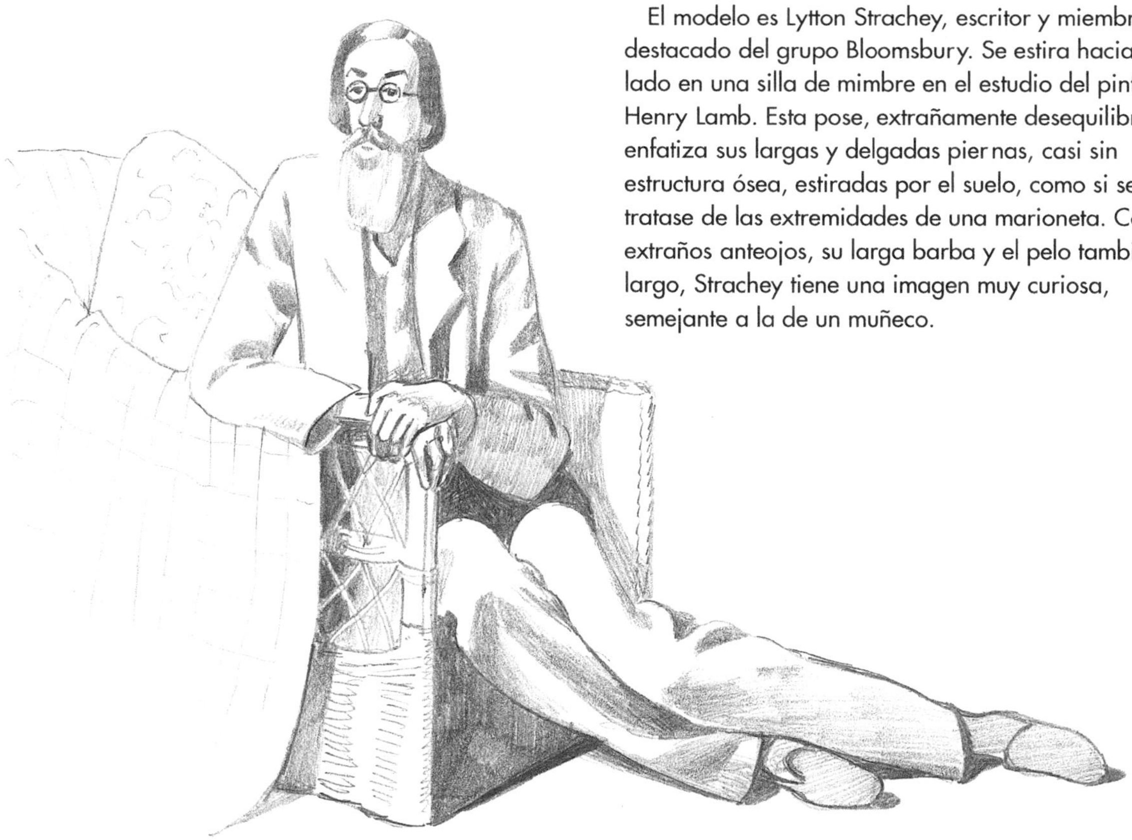

El modelo es Lytton Strachey, escritor y miembro destacado del grupo Bloomsbury. Se estira hacia un lado en una silla de mimbre en el estudio del pintor Henry Lamb. Esta pose, extrañamente desequilibrada, enfatiza sus largas y delgadas piernas, casi sin estructura ósea, estiradas por el suelo, como si se tratase de las extremidades de una marioneta. Con sus extraños anteojos, su larga barba y el pelo también largo, Strachey tiene una imagen muy curiosa, semejante a la de un muñeco.

RETRATO DE GRUPO

Todo tipo de disposiciones pueden ser buenas composiciones pictóricas y nos pueden decir mucho sobre los modelos. La mayoría de los artistas intentan incorporar sutiles detalles sobre la naturaleza de la relación entre las personas en los retratos de grupo. Se puede añadir algún objeto a la composición como modo para unir a las personas.

Hay muchas formas de dotar a un grupo de cohesión ante los ojos del espectador. En este ejemplo, también de Lucian Freud, la cercanía de la disposición es integral al resultado final. El interés central lo comparten el bebé y sus padres. Nuestros ojos van desde el bebé a la pareja, mientras lo sujetan y se apoyan en el sillón. En frente, el hijo mayor está un poco más alejado, pero sigue formando parte del grupo. La conexión entre los padres y el bebé se capta con belleza y el movimiento hacia delante del chico más mayor, como si estuviese a punto de dejar el nido, es una lectura perceptiva de la dinámica familiar.

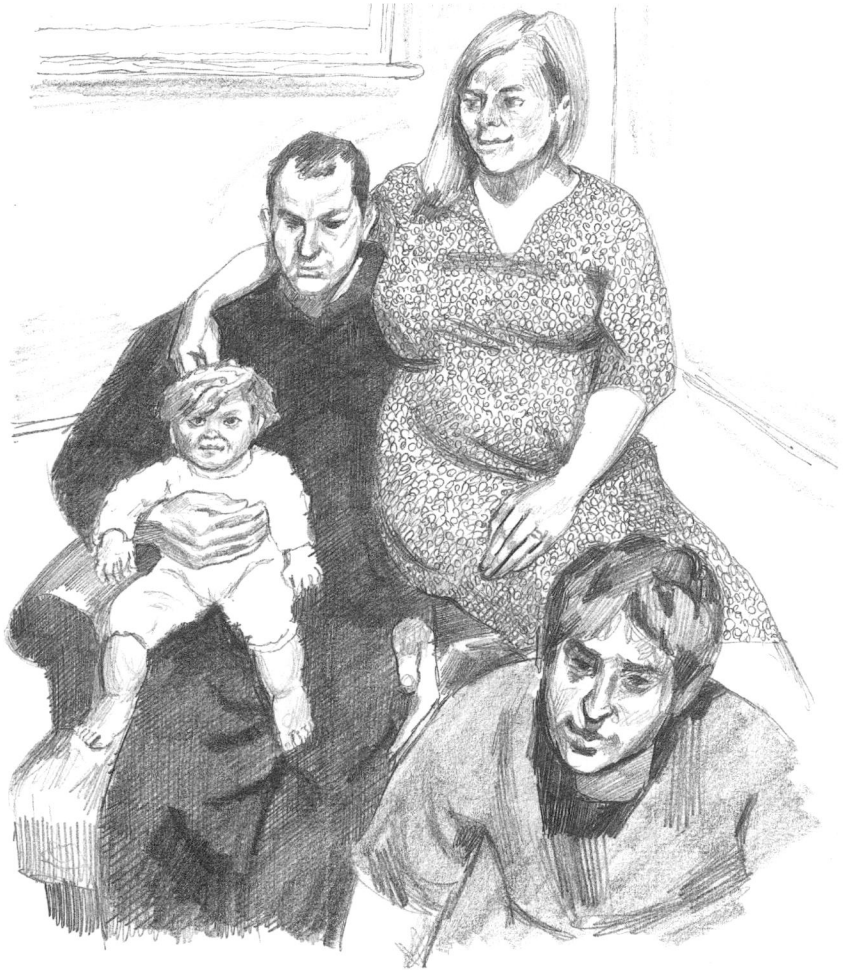

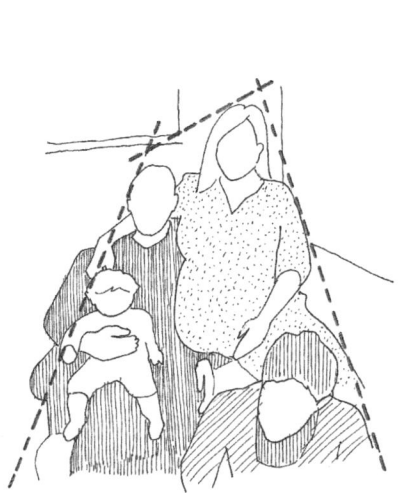

Esta disposición sube en el lado derecho, con una forma bastante dinámica, pero también con una base muy estable. La ligera inclinación hace que la composición adopte un aire más espontáneo.

Este ejemplo podría ser tanto un retrato del coche como de la familia, ya que constituye la pieza central de la composición aunque no sea el cabeza de familia. El orgullo de la posesión es muy evidente entre los varones. En cambio, no se nota tanto en el sexo femenino, que están dentro del coche, aunque la madre ocupa el asiento del conductor. Este tipo de pose informal se suele dar más en los retratos fotográficos.

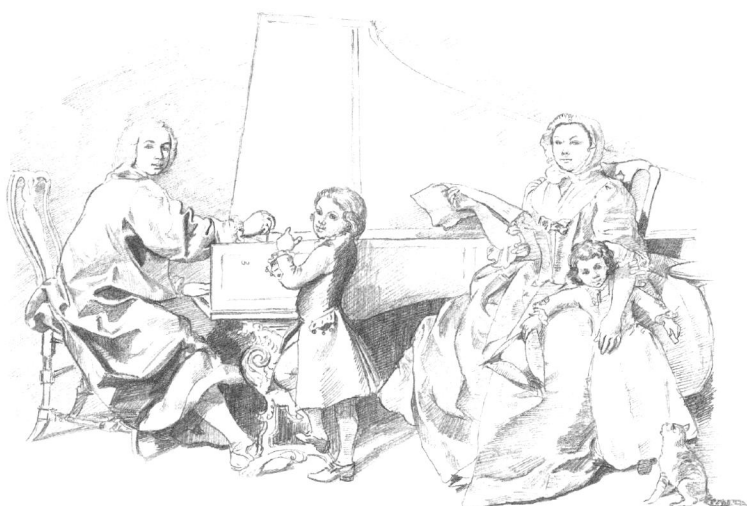

La composición es inusualmente dinámica, en parte debido a la posición del coche. Las tres figuras fuera del coche forman un triángulo claro que también ofrece perspectiva. El volumen del coche frente al lado más largo del triángulo ofrece un elemento estabilizador.

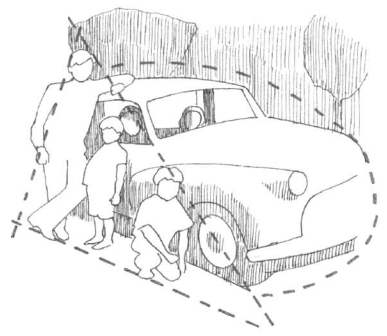

UN TRUCO ÚTIL

Las dos figuras adultas y la tapa del piano abierta ofrecen estabilidad a la composición. La línea curvada que une la posición de las cabezas lleva al ojo a moverse con suavidad por el retrato.

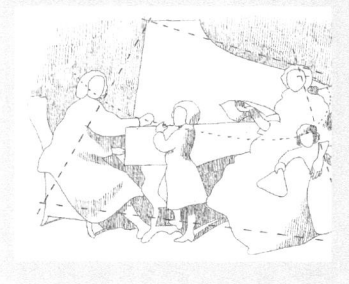

Como muchos retratos del s. XVIII, en este la pose, muy cuidada, nos aporta muchas pistas sobre la posición social de los modelos. El artista, Carl Marcus Tuscher, quiere mostrarnos que son de una clase pudiente y así lo intuimos por los detalles de la ropa.

El cabeza de familia es Burkat Shudi, un conocido fabricante de clavicémbalos y amigo del compositor Handel. El clavicémbalo está situado en un lugar central, aunque en segundo plano. Por si aún no quedase claro que la familia debe su buena fortuna al instrumento, Tuscher subraya la relación situando a Shudi al teclado. La disposición está equilibrada y resulta relajada.

ROMPER CON LAS CONVENCIONES

La mayoría de las disposiciones que hemos observado hasta ahora han sido formales en cuanto a su composición y una pose obvia. El enfoque que se adopta en el siguiente ejemplo es notable. El pintor inglés William Hogarth era conocido por su actitud social progresista, algo que queda de manifiesto en esta humana obra pictórica, en la que dibuja a sus sirvientes.

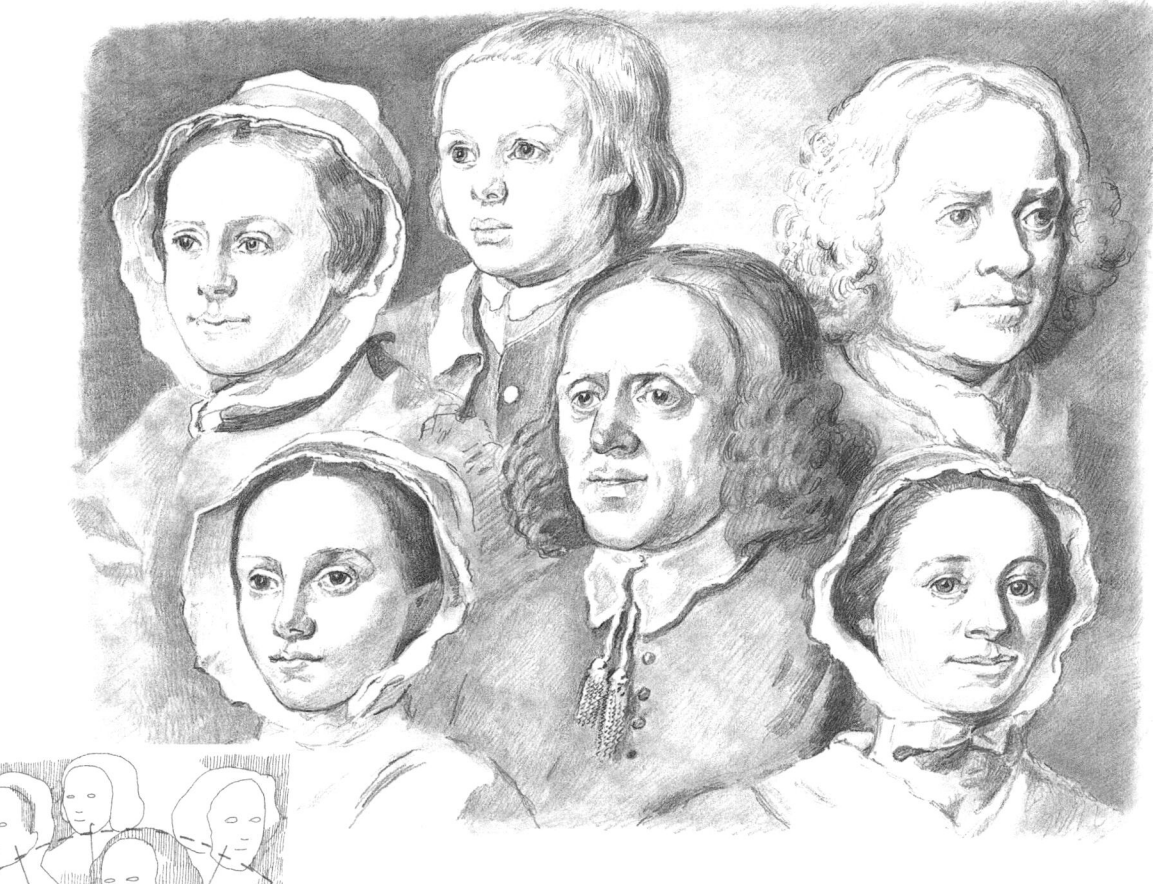

Una formación de abanico desplegado con las seis cabezas desde la base, situadas en gran proximidad, todas un poco desplazadas del centro pero muy simétricas.

El retrato original de Hogarth, desde el que se ha realizado esta copia, es un extraordinario ensayo de caracterización, ejecutado con brillantez, calidad y sinceridad. La composición resulta ejemplar. Cada cabeza, aunque se dibujó por separado, se ha situado en un diseño equilibrado en el que cada cara tiene su propia fuerza y énfasis. El interés de Hogarth en las personas resulta evidente por la viveza de las expresiones. Nos trasmite que conocía muy bien a estas personas.

PAREJAS

Normalmente un artista no realiza retratos de pareja a menos que alguien específicamente se lo pida. Muchas veces los padres que tienen dos hijos quieren que les hagan un retrato y también es un tema recurrente en las parejas casadas que celebran aniversarios importantes.

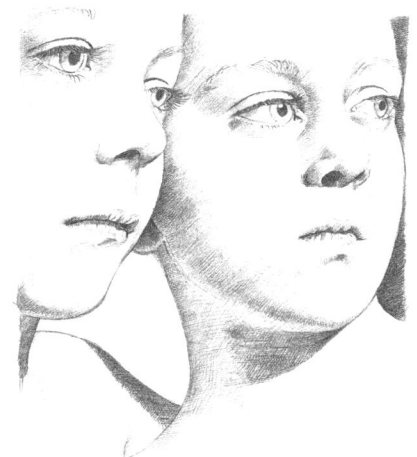

Las caras, retratadas de cerca, de estos dos hermanos aportan un efecto de unidad familiar que se espera en los gemelos. Ahora bien, este grado de proximidad con el espectador no es una elección fácil. La piel de los niños de esta edad (ocho años) es suave y la estructura ósea queda oculta en su gran parte por la carne de manera que no hay líneas de expresión ni tensión para dibujar. En estas circunstancias hay que tomar rápidamente las medidas de la cara, ya que normalmente los niños de ocho años no se están quietos durante mucho tiempo.

Este retrato se realizó a raíz de una excelente fotografía tomada por Jane Chilvers que ganó un galardón de retratos fotográficos y en la actualidad está colgado en la National Portrait Gallery en Londres. No he intentado añadir muchos detalles a la superficie porque la tersura de la cara es parte del encanto.

Dos formas redondas, retratadas tan de cerca, que crean una composición con mucha garra.

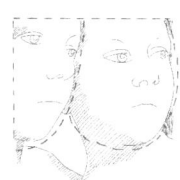

La pose de este retrato de un padre y su hijo, realizado a partir de una fotografía tomada por John Nassari, sugiere un sentido del humor en el artista y una especie de complicidad familiar con el retrato. Pese al humor, el efecto resulta bastante frío y distante. La uniformidad de la ropa les otorga una calidad de rareza. El retrato es sencillo y se fija sobre todo en el contorno, demostrando que si se consiguen bien las formas, las cualidades personales pueden resaltar.

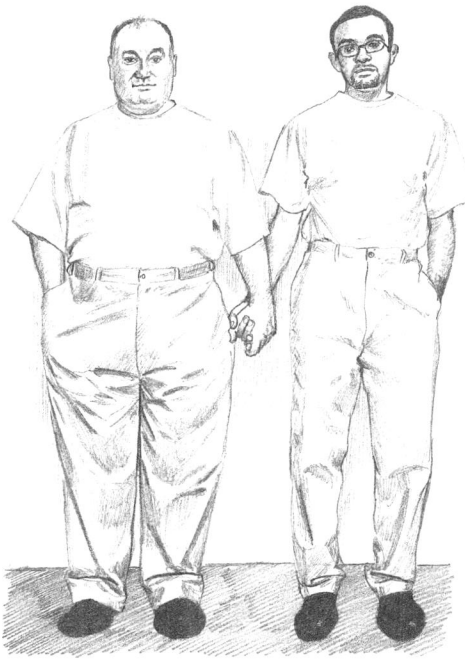

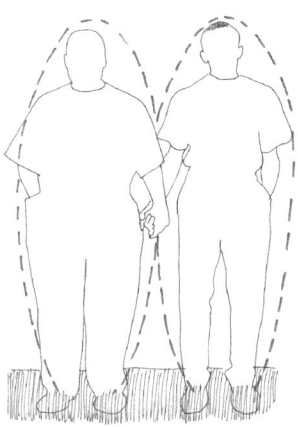

Las dos elipsis verticales sobrepuestas en el centro hacen que se trate de una disposición estable y sencilla.

AUTORRETRATOS

Los artistas conforman los mejores modelos para sí mismos ya que siempre se tienen a mano y no tienen problema en posar tanto tiempo como deseen. Algunos artistas, como Rembrandt, han retratado su cara de frente casi hasta el momento de la muerte. Dibujarse a uno mismo es una de las mejores maneras de entrenar el ojo e ir aumentando la experiencia, ya que uno puede ser totalmente honesto y experimentar de formas con las que no se puede con la mayoría de la gente.

Posar para uno mismo

El aspecto más difícil de un autorretrato es ser capaz de mirarse en un espejo al mismo tiempo que se dibuja y se va mirando el reflejo. Lo que suele pasar es que la cabeza poco a poco va cambiando de posición, a menos que se tenga alguna manera de asegurar que vuelve a mirar al mismo punto. El método más fácil es hacer una marca en el espejo, un sencillo punto con un rotulador que se pueda borrar y al que mirar cada vez que volvamos a mirar al espejo.

En un espejo solo nos podemos dibujar en unas cuantas posiciones debido a la necesidad de ir mirando el reflejo. Inevitablemente la posición de la cabeza estará limitada a una posición de frente o a tres cuartos para poder ir mirando sin dificultad. Algunos artistas han intentando dibujarse mirando hacia arriba o hacia abajo a su cara reflejada, pero es algo inusual.

Si quieres mirarte con mayor objetividad tendrás que contar con dos espejos, que reflejen la imagen entre sí. De esta manera se puede conseguir una visión completa de perfil. Vale la pena utilizar este método porque nos permite mirar de frente en vez de derecha o izquierda como ocurriría en un espejo único.

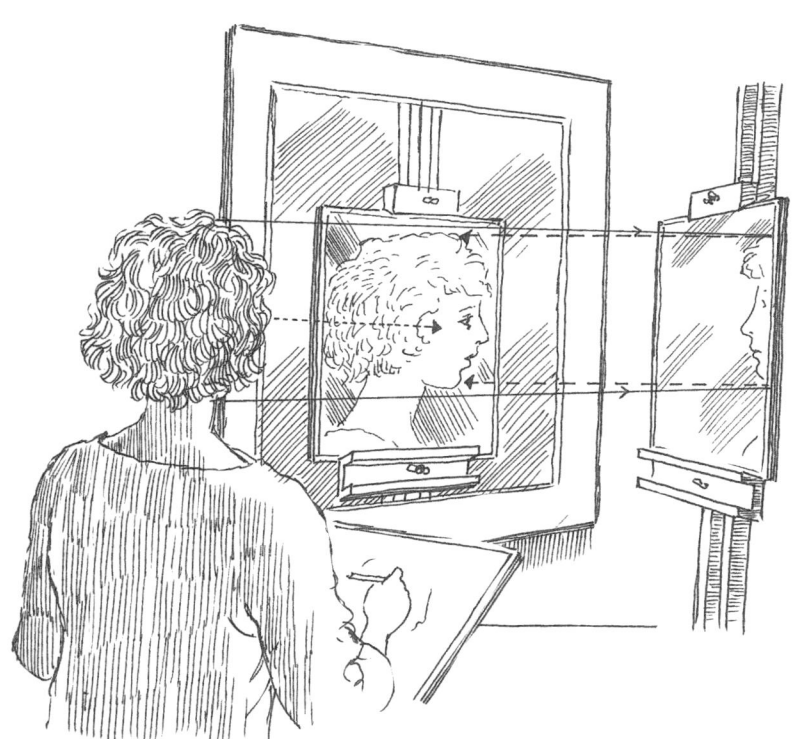

Puntos de vista individuales

Estos dos retratos representan dos fases distintas de la carrera profesional de Stanley Spencer, pero, pese a haber 46 años de diferencia, los dos demuestran una gran honestidad y un gran interés por el mundo visual que estaba retratando. El Spencer más joven se retrata como un individuo con mayor seguridad en sí mismo y más ilusionado. El segundo dibujo se realizó en el año de su fallecimiento y refleja un claro sentido de mortalidad.

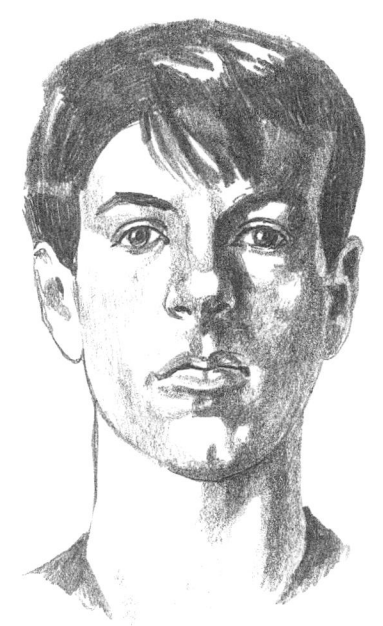

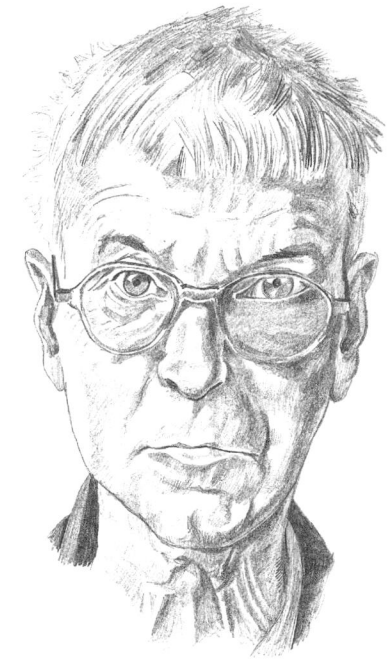

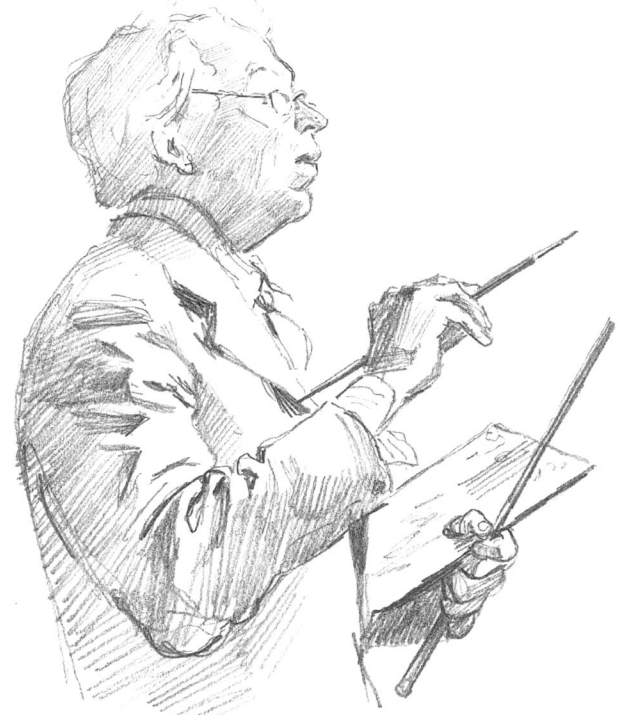

John Ward, uno de los artistas británicos figurativos más famosos del s. XX, eligió retratarse de perfil en este autorretrato (1983). Encontró una forma maravillosa de transmitir animación y un enfoque profesional durante la pose (el equilibrio del pincel suspendido en el aire y la paleta, las pequeñas gafas sobre la nariz (como Chardin) y la vestimenta (una chaqueta formal y una corbata).

CARICATURAS

La caricatura es una forma extrema de retrato. La esencia de la caricatura es la exageración. Hay que llevar el objeto del retrato más allá de los límites de la realidad para entrar en una zona de formas extravagantes.

El proceso de la caricatura

Todo intento de caricatura empieza con un estudio detallado de los rasgos faciales del modelo y de una evaluación de la relación que existe entre ellos. Las observaciones nos aportarán pistas sobre qué partes conviene exagerar y cuáles apagar un poco.

En este primer ejercicio vamos a tomar un modelo y a poner todos los rasgos juntos de manera que acabemos con un resultado razonable. Miremos el ejemplo de la cara (a la derecha). ¿Qué se observa? Tras evaluar los rasgos vamos a pasar a la primera fase de dibujos más abajo.

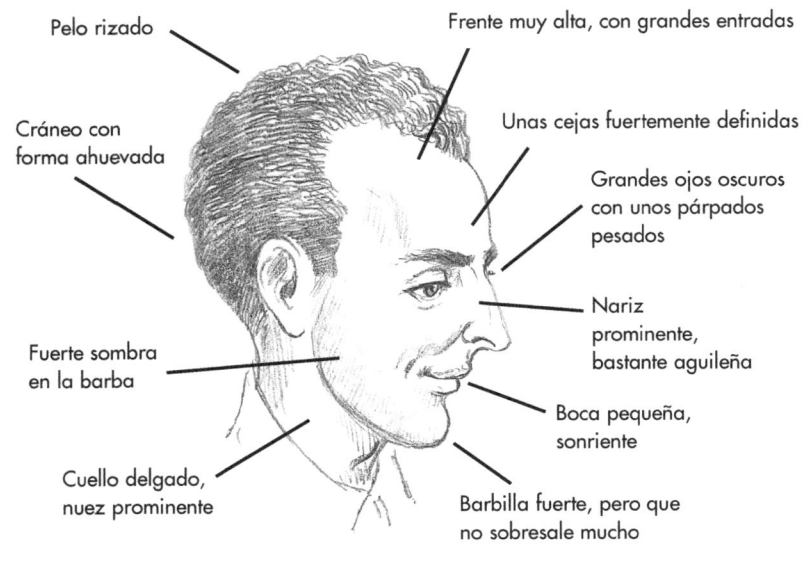

Pelo rizado

Cráneo con forma ahuevada

Fuerte sombra en la barba

Cuello delgado, nuez prominente

Frente muy alta, con grandes entradas

Unas cejas fuertemente definidas

Grandes ojos oscuros con unos párpados pesados

Nariz prominente, bastante aguileña

Boca pequeña, sonriente

Barbilla fuerte, pero que no sobresale mucho

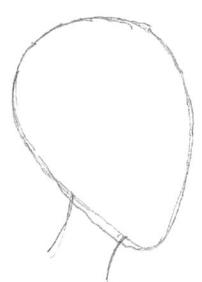

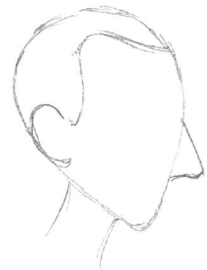

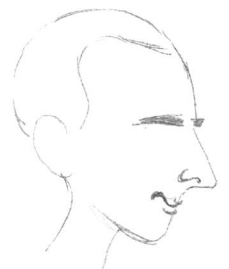

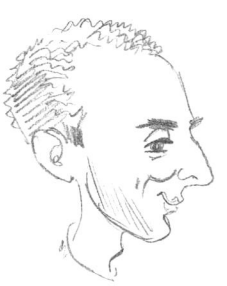

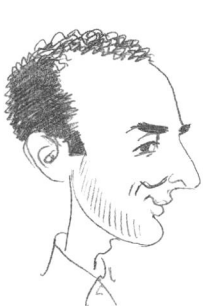

Un cráneo con forma ahuevada unido a un cuello bastante delgaducho. Hay que dibujar la forma primero.

Fíjate en las entradas en la frente. Trabaja en esto.

Dibuja las cejas bien marcadas con líneas negras. Añade una nariz prominente, haciéndola más larga de lo que es en realidad. Dele una suave curva aguileña.

Pon las orejas bastante más hacia atrás que en realidad. No las dibujes muy pequeñas. Añádele un hoyuelo para resaltar la sonrisa. Pon un poco de tono en la mandíbula para sugerir una sombra por la barba.

Oscurece el pelo y define la barbilla.

Experimentación

Aquí hay algunos ejemplos con los que experimentar para ver hasta que punto se puede llevar la exageración sin que el modelo llegue a ser irreconocible. Intenta captar los rasgos obvios primero y después el efecto general de la cabeza o la cara.

No intentes caricaturizar a tus amigos, a menos que no te importe perderlos o que estén de acuerdo. Si no puedes conseguir un modelo que pose para ti, obtén alguna fotografía. No serán una referencia tan fiable, pero como conocerás también en realidad a la persona, ya te servirán.

Estos dos retratos de la artista británica Tracey Emin tienen dos estilos distintos, pero los dos captan una expresión divertida y provocadora.

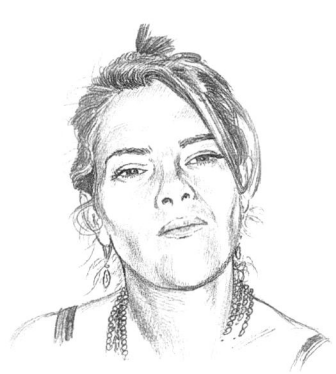

IDENTIFICAR LOS RASGOS:

1. Cabeza redonda
2. Barbilla rechoncha
3. Boca deprimente
4. Cejas espesas
5. Ojos pequeñitos, con bolsas
6. Nariz rota
7. Arrugas y barbilla sin afeitar

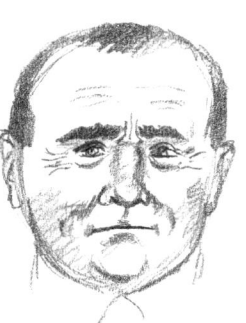

Normal

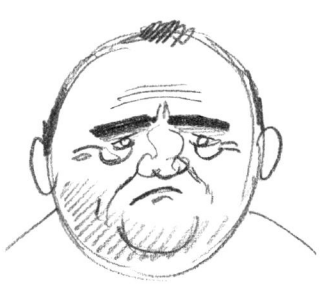

Exagerado

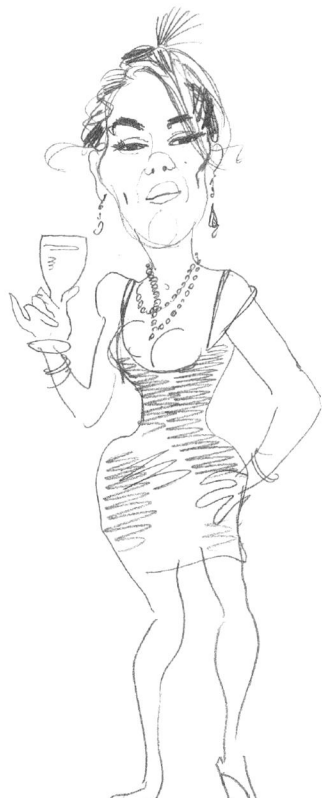

IDENTIFICAR LOS RASGOS:

1. Nariz con punta redondeada y hacia arriba
2. Ojos brillantes
3. Cejas espesas y gruesas
4. Pelo abultado
5. Barbilla
6. Sonrisa pícara

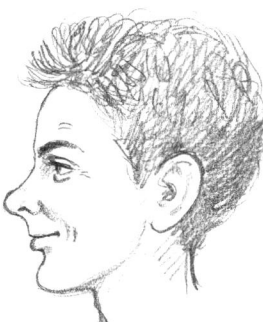

Normal

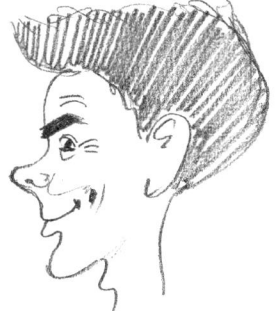

Exagerado

ÍNDICE ALFABÉTICO